Soziale Ungleichheit
im Sozialstaat

Zeitgeschichte im Gespräch Band 8

Herausgegeben vom
Institut für Zeitgeschichte

Redaktion:
Thomas Schlemmer und Hans Woller

Soziale Ungleichheit im Sozialstaat

Die Bundesrepublik Deutschland und Großbritannien im Vergleich

Herausgegeben von
Hans Günter Hockerts
und Winfried Süß

R. Oldenbourg Verlag München 2010

Bibliografische Information der Deutschen Nationalbibliothek
Die Deutsche Nationalbibliothek verzeichnet diese Publikation in der Deutschen Nationalbibliografie; detaillierte bibliografische Daten sind im Internet über <http://dnb.d-nb.de> abrufbar.

Rosenheimer Straße 145, D-81671 München
Internet: oldenbourg.de

Gedruckt auf säurefreiem, alterungsbeständigem Papier (chlorfrei gebleicht).

Umschlaggestaltung und Layoutkonzept:
Thomas Rein, München, und Daniel von Johnson, Hamburg
Satz: Dr. Rainer Ostermann, München
Druck und Bindung: Grafik+Druck GmbH, München

ISBN 978-3-486-59176-7

Inhalt

Vorbemerkung

Soziale Ungleichheit ist ein Thema, das die Öffentlichkeit in jüngster Zeit wieder stark beschäftigt. Gleichzeitig wird die Lage des Sozialstaats in Europa, der vielen als Garant zwar nicht gleicher, aber abgesicherter Lebensverhältnisse gilt, als zunehmend prekär empfunden. Die Zeitgeschichte lebt von solchen Impulsen der Gegenwart. Als 2008 der 47. Deutsche Historikertag in Dresden unter dem Leitthema „Ungleichheiten" stattfand, war das ein willkommener Anlass, dort eine Sektion zum Thema „Soziale Ungleichheit im Sozialstaat. Großbritannien und die Bundesrepublik im Vergleich" zu veranstalten. Dieser Band präsentiert die Beiträge der Sektion in überarbeiteter Form. Er möchte dazu beitragen, die politische Geschichte des modernen Wohlfahrtsstaats mit sozialhistorischen Fragestellungen zu verknüpfen und soziale Ungleichheit als Schlüsselkategorie zeithistorischer Gesellschaftsanalyse zu profilieren.

Auch kleine Bändchen produzieren bisweilen große Dankesschuld, die wir hier gerne abtragen. Mit Wilfried Rudloff sind wir seit vielen Jahren durch gemeinsame Arbeit verbunden; er hat die Dresdener Sektion mit uns vorbereitet. Lutz Raphael hat die Diskussion dort als Kommentator belebt und uns wichtige Anregungen gegeben. Wie so oft konnten wir uns bei der Textredaktion auf die bewährte Hilfe von Johannes Dafinger verlassen. Hans Woller und Thomas Schlemmer danken wir für die Betreuung dieses Bandes der Reihe „Zeitgeschichte im Gespräch". Es freut uns sehr, dass der Wandel moderner Wohlfahrtsstaatlichkeit an diesem prominenten Ort zeithistorischer Gegenwartsreflexion zur Diskussion gestellt wird.

München/Potsdam, im November 2009
Hans Günter Hockerts und Winfried Süß

Hans Günter Hockerts

Einführung

Soziale Ungleichheit ist ein großes Thema unserer Zeit. Wie in vielen Industrieländern der OECD haben die meisten Menschen auch in Deutschland den Eindruck, „dass das Oben und das Unten der Gesellschaft weiter auseinanderrücken und dass sich die Schere in Zukunft noch weiter öffnen wird“[1]. Eine solche Problemwahrnehmung kann sich auf reale Daten stützen. So hat zum Beispiel die Einkommensungleichheit in der Bundesrepublik seit den 1980er Jahren in mehreren Wellen, besonders seit 2000, zugenommen. Der Niedriglohnsektor dehnt sich aus. Das Armutsrisiko wächst. Signalwörter wie Prekarität und „soziale Verwundbarkeit“ machen darauf aufmerksam, dass nicht nur der Abstand zwischen Oben und Unten größer wird, sondern neuerdings auch die Mitte der Gesellschaft von Statusverlusten und Abstiegssorgen bedroht ist[2].

Das Ausmaß und die Dynamik dieses Wandels sind jedoch umstritten. Je nach der Wahl der Messkonzepte und je nach dem Stellenwert, der den „gefühlten Aspekten“ aktueller Bedrohungsszenarien eingeräumt wird, gelangt man zu unterschiedlichen Deutungen. Experten der sozialstrukturellen Langzeitbeobachtung neigen eher zu dem Befund, dass es in Deutschland „noch nicht zu einer grundlegenden Verschärfung von sozialen Ungleichheiten und zu einem tiefgreifenden Wandel ihrer Strukturen“ gekommen sei[3]. Sie betonen vielmehr die erstaunliche Zählebigkeit von Ungleichheitsrelationen. Die harten Kerne der „Klassendisparitäten in der Marktgesellschaft“ seien in den Jahrzehnten des opulenten Wirtschaftswachstums weniger spürbar gewesen, doch träten sie in jüngs-

---

[1] Stefan Hradil, Warum werden die meisten entwickelten Gesellschaften wieder ungleicher?, in: Paul Windolf (Hrsg.), Finanzmarkt-Kapitalismus. Analysen zum Wandel von Produktionsregimen, Wiesbaden 2005, S. 460–483, hier S. 461.

[2] Vgl. Berthold Vogel, Wohlstandskonflikte. Soziale Fragen, die aus der Mitte kommen, Hamburg 2009.

[3] Karl Ulrich Mayer, Sinn und Wirklichkeit – Beobachtungen zur Entwicklung sozialer Ungleichheiten in (West-)Deutschland nach dem Zweiten Weltkrieg, in: Karl-Siegbert Rehberg (Hrsg.), Soziale Ungleichheit, Kulturelle Unterschiede. Verhandlungen des 32.Kongresses der Deutschen Gesellschaft für Soziologie in München 2004, Frankfurt a.M./New York 2006, S. 1329–1355, hier S. 1351.

ter Zeit wieder unübersehbar hervor[4]. Beide Perspektiven – die Hervorhebung neuer und die aktuelle Akzentuierung alter Spaltungslinien – tragen dazu bei, dass verstärkt über Fragen sozialer Ungleichheit diskutiert wird.

Der vorliegende Band nimmt dieses Thema auf. Dabei richtet sich das Augenmerk aus mehreren Gründen auf die Geschichte des Sozialstaats[5]. Erstens kommt damit – wie Gøsta Esping-Andersen prominent herausgearbeitet hat – „an active force in the ordering of social relations" in den Blick[6]. Man kann die sozialstaatlichen Arrangements sogar zu den wichtigsten Instrumenten „gesellschaftlicher Relationierung" zählen[7]. Zweitens ist die Meinung verbreitet, das Ziel des „sozialstaatlichen Projekts" sei ausschließlich oder vorrangig „die Stiftung von egalitär strukturierten Lebensformen"[8]. Die Frage nach sozialer Ungleichheit *im* Sozialstaat erlaubt es, eine solche Vorstellung sozusagen gegen den Strich zu bürsten. Welches Maß an sozialer Ungleichheit lässt der Sozialstaat zu? Ist er sogar seinerseits ungleichheitsträchtig? Wie verändert sich seine Ungleichheitstoleranz im Zeitverlauf? Drittens befindet sich der Sozialstaat heute bekanntlich in einer Phase tiefgreifender Umbrüche. Unser Band möchte zur historischen Dimensionierung der aktuellen Reformdebatten beitragen, indem er soziale Ungleichheit als eine alte und neue, mehr noch: als eine permanente Herausforderung des Sozialstaats betrachtet.

Eine solche Sichtweise setzt voraus, dass mehr Gleichheit zu den Zielen des Sozialstaats gehört. Umso kräftiger ist vorab zu betonen: Das Grundversprechen moderner Sozialstaatlichkeit lautet nicht Gleichheit, sondern Sicherheit. Darauf verweist schon der rasante Aufstieg, den der Leitbegriff „soziale Sicherheit" (oder *social security*, *sécurité sociale*) nach 1945 genommen hat. Nach der dramatischen Erfahrung von Unsicherheit in den Zeiten der Weltwirtschaftskrise und des Zweiten Weltkriegs erklärten die Vereinten Nationen *social security* 1948 zu einem Grundrecht der Menschheit. Die Entfaltung

---

4 Dies ist der Tenor bei Hans-Ulrich Wehler, Deutsche Gesellschaftsgeschichte, Bd. 5: Bundesrepublik und DDR 1949–1990, München 2008.

5 Die Begriffe Sozialstaat und Wohlfahrtsstaat werden in diesem Band synonym verwendet.

6 Gøsta Esping-Andersen, The Three Worlds of Welfare Capitalism, Cambridge 1990, S. 23.

7 Stephan Lessenich, Die Neuerfindung des Sozialen. Der Sozialstaat im flexiblen Kapitalismus, Bielefeld 2008, S. 35.

8 So etwa Jürgen Habermas, Die Krise des Wohlfahrtsstaates und die Erschöpfung utopischer Energien, in: ders., Die Neue Unübersichtlichkeit, Frankfurt a.M. 1985, S. 141–163, hier S. 151.

der westeuropäischen Wohlfahrtsstaaten in den Jahrzehnten des Nachkriegsbooms war in dieser Leitkategorie verankert. So lag die hauptsächliche Intention darin, Menschen gegen verschiedenste soziale Risiken abzusichern. Im Beziehungsverhältnis von Sicherheit und Gleichheit war damit ein weiter, spannungsreicher Optionsraum eröffnet. Denn der Sozialstaat kann soziale Ungleichheit nicht nur reduzieren und limitieren, sondern auch konservieren, ja sogar selber produzieren und legitimieren.

Reduzieren: Um mehr Gleichheit bemüht, kann der Sozialstaat die beiden Grundformen sozialer Ungleichheit ins Visier nehmen: die Verteilungs- und die Chancenungleichheit. Er hat es dann in der Hand, Einkommen umzuverteilen, soziale Infrastrukturen auszubauen und allgemein zugänglich zu machen sowie besondere Hilfs- und Fördersysteme bereitzustellen. Diese sollen Nachteile in den Lebenschancen ausgleichen und „Befähigung" vermitteln[9]. Dabei ist auch die sozialpolitische Dimension der Bildungspolitik einzubeziehen, die bei der Verteilung von Lebenschancen eine zentrale Rolle spielt[10]. Soweit soziale Sicherheit mit dem Ziel verbunden ist, Unterschiede in den Gefährdungen auszugleichen, gehen Sicherheit und Gleichheit ein gutes Stück „in eine gemeinsame Richtung"[11]. Hierzulande sind Elemente des sozialen Ausgleichs vor allem im Gesundheitssystem ausgeprägt. Denn die Sach- und Dienstleistungen, auf die alle Versicherten Anspruch haben, hängen vom Bedarf und nicht von der Beitragshöhe ab, jedenfalls im Prinzip[12]. Auch die Ungleichheit der am Markt erzielten Einkommen wird durch sozialstaatliche Maßnahmen spürbar vermindert. So waren zum Beispiel 26 Prozent der Bevölkerung in Deutschland im Jahr 2005 vom Risiko der Einkommensarmut betroffen – vor Berücksichtigung von Sozialtransfers; deren Wirkung halbierte dieses Risiko auf 13 Prozent[13]. Was die Verteilung des Privatvermögens, zumal des Betriebsvermögens betrifft, so kann man gewiss

---

[9] Franz-Xaver Kaufmann, Schutz – Sicherheit – Befähigung. Dauer und Wandel im Sozialstaatsverständnis, in: Zeitschrift für Sozialreform 55 (2009), S. 13–23.

[10] Vgl. den Beitrag von Wilfried Rudloff in diesem Band.

[11] Hans F. Zacher, Grundlagen der Sozialpolitik in der Bundesrepublik Deutschland, in: Geschichte der Sozialpolitik in Deutschland seit 1945, Bd. 1: Grundlagen der Sozialpolitik, Baden-Baden 2001, S. 333–684, hier S. 387.

[12] Vgl. den Beitrag von Cornelius Torp in diesem Band.

[13] Vgl. Lebenslagen in Deutschland. Der 3. Armuts- und Reichtumsbericht der Bundesregierung, Berlin 2008, S. 25. Zur Ausgleichswirkung des Steuer- und Transfersystems vgl. den Beitrag von Winfried Süß in diesem Band.

von einer „extrem" ausgeprägten Ungleichheit sprechen[14]. Die Kritiker beachten jedoch zumeist jene Formverwandlung des privaten Eigentums nicht, die in Besitzanteilen am „Sozialvermögen" zum Ausdruck kommt. Damit sind vor allem Anrechte auf Altersversorgung gemeint, sei es aus der gesetzlichen Rentenversicherung, aus der Beamtenversorgung oder aus Betriebsrenten. Das private Eigentum an „Sozialvermögen" erreichte schon in den 1970er Jahren eine Größenordnung, die das Sach- und Geldvermögen der privaten Haushalte um das Doppelte übertraf[15]. Das Sozialvermögen reduziert somit die Spannung zwischen den Erwerbs- und Besitzklassen ganz beträchtlich.

Limitieren: Der Sozialstaat kann Ungleichheitsräume offen halten (oder durch eine marktschaffende Politik selbst öffnen), jedoch am oberen und unteren Rand Grenzen ziehen. So beträgt beispielsweise das 2007 eingeführte Elterngeld mindestens 300 Euro und höchstens 1800 Euro im Monat. Der Sozialstaat hegt solche Ungleichheiten ferner dadurch ein, dass er wohlfahrtsrelevante Eigenaktivitäten nicht-staatlicher Anbieter einer staatlichen Rahmensteuerung unterwirft. So hat zum Beispiel die Pflegeversicherung (1995) die Tore für kommerzielle Dienstleister geöffnet, diese jedoch an bestimmte Standards und Kontrollen gebunden. Die Riester-Reform (2001) hat die gesetzliche Alterssicherung auf eine Teil-Privatisierung umgestellt; doch werden nur solche Finanzmarktprodukte staatlich gefördert, bei denen zu Beginn der Auszahlungsphase mindestens die Summe der eingezahlten Beiträge garantiert ist. Diese Einhegungstendenz hat in jüngster Zeit stark an Boden gewonnen, denn die Einbeziehung von Märkten in sozialstaatliche Arrangements zählt zu den Hauptmerkmalen der aktuellen Reformpolitik. Dabei gehen Öffnung und Regulierung von marktbasierten Ungleichheitsräumen Hand in Hand[16].

Konservieren: Soweit der Sozialstaat erworbene Lebensverhältnisse sichert, lässt er die Verteilungs- und Chancenstruktur einer Gesellschaft unangetastet, denn Statusunterschiede werden dabei bekräftigt und verstetigt. Das herausragende Beispiel bietet hierzulande die gesetzliche Rentenversicherung: Sie konstruiert über den lohnbezogenen Beitrag und die beitragsbezogene Rente eine Äquivalenz

---

[14] Wehler, Gesellschaftsgeschichte, Bd. 5, S. 120. Dort wird das im Folgenden hervorgehobene „Sozialvermögen" jedoch nicht berücksichtigt.

[15] Vgl. Werner Abelshauser, Deutsche Wirtschaftsgeschichte seit 1945, München 2004, S. 347.

[16] Vgl. den Beitrag von Lutz Leisering und Christian Marschallek in diesem Band.

zwischen Arbeitslohn und Rentenhöhe. Dauer und Erfolg der Erwerbstätigkeit rücken somit in den Rang einer zentralen Kategorie für die Zurechnung sozialer Leistungen. Anders gesagt: Die Einkommensungleichheit der Marktsphäre wird – einschließlich ihrer geschlechtsspezifischen Komponenten[17] – auf das Sozialeinkommen übertragen. Da Hochverdiener eine statistisch signifikant größere Lebenserwartung haben als Niedrigverdiener, beziehen sie ihre höhere Rente auch deutlich länger als die anderen ihre niedrige. So gesehen gilt: Wer hat, dem wird gegeben. Oder: „Sicherheit schützt auch die Ungleichheit"[18].

Produzieren: Der Sozialstaat bringt auch selbst soziale Ungleichheit hervor, und zwar auf dem Wege der selektiven Regelung von Zugangsrechten, Teilhabeformen und Finanzierungslasten, der Privilegierung oder Benachteiligung von Lebenslagen, der Konstituierung von „Versorgungsklassen"[19], kurz: im Zuge der Dialektik von Inklusion und Exklusion. *Wem wann welche* Sicherung zusteht und *wer wann wie* dafür aufzukommen hat – darüber wird im politischen Prozess unablässig entschieden, und ein solcher Spielraum übt auf viele Akteure einen unwiderstehlichen Anreiz aus, ihre Klientel durch immer neue Variationen der Bevorzugung an sich zu binden. Auch der Begriff des „Inklusionsparadoxons" deutet an, dass wir hier eine fortwährende Dynamik vor Augen haben, die sich nie stillstellen lässt: Jeder inkludierende Schritt lässt verbleibende oder neue Exklusionen umso stärker hervortreten. Je mehr Menschen etwa aus der Sozialhilfe in „höhere Stockwerke der sozialen Sicherung" überführt werden, umso mehr laufen die verbleibenden Empfänger Gefahr, „marginalisiert und stigmatisiert" zu werden[20].

In der deutschen Geschichte gilt die Separierung der Angestellten von den Arbeitern als das klassische Beispiel sozialpolitisch erzeugter Ungleichheit. Diese arbeits- und sozialrechtliche Spaltungslinie setzte 1911 markant ein, wurde jedoch seit den 1950er Jahren

---

[17] Vgl. dazu den Beitrag von Christiane Kuller in diesem Band.

[18] Zacher, Grundlagen, in: Geschichte der Sozialpolitik in Deutschland seit 1945, Bd. 1, S. 387.

[19] In die Forschung wurde dieser Begriff eingeführt von M. Rainer Lepsius, Soziale Ungleichheit und Klassenstrukturen in der Bundesrepublik Deutschland. Lebenslagen, Interessenvermittlung und Wertorientierungen, in: Hans-Ulrich Wehler (Hrsg.), Klassen in der europäischen Sozialgeschichte, Göttingen 1979, S. 166–209.

[20] Lutz Leisering, Desillusionierung des modernen Fortschrittsglaubens: „Soziale Exklusion" als gesellschaftliche Selbstbeschreibung und soziologisches Konzept, in: Thomas Schwinn (Hrsg.), Differenzierung und soziale Ungleichheit. Die zwei Soziologien und ihre Verknüpfung, Frankfurt a.M. 2004, S. 238–268, hier S. 260.

schrittweise überwunden. Unter dem Dach der übergreifenden Kategorie des Arbeitnehmers war die Rechtsangleichung 1969 in allen wesentlichen Punkten erreicht (wenngleich die organisatorische Trennung in der Rentenversicherung noch bis zum Jahre 2005 fortdauerte). Inzwischen sind andere Disparitäten ins Zentrum der öffentlichen Aufmerksamkeit getreten, insbesondere die Folgen der geschlechtsspezifischen Spaltung des Sozialstaats. Dass sozialstaatliche Regelungen eine eigenständige Komponente sozialer Distinktion bilden, lassen auch aktuelle Fragen wie diese erkennen: Vertieft die hohe Regulierungsdichte von Arbeitsverträgen die Kluft zwischen Kern- und Randbelegschaften? Warum haben viele „Soloselbständige" dasselbe Schutzbedürfnis wie Arbeitnehmer, aber nicht denselben Schutz? Bietet „Hartz IV" das Musterbeispiel einer mittels sozialrechtlicher Diskriminierung geschaffenen „Versorgungsklasse"? Gerade in jüngster Zeit, in einer Phase des sozialstaatlichen Um- und Rückbaus, gewinnt das ungleichheitsträchtige Potential sozialpolitischer Entscheidungen an Aktualität und Brisanz. Denn das vom „sorgenden Staat" gesicherte Wohlstandsniveau wird partiell abgesenkt; zugleich werden öffentliche und private Elemente neu gemischt. In diesem *New Deal* wird es Gewinner und Verlierer geben.

Legitimieren: Der Sozialstaat kann Ungleichheitskonstellationen rechtfertigen oder doch zumindest akzeptabel machen, indem er ihnen die Schärfe nimmt. Man denke an den Einbau von Elementen des sozialen Ausgleichs oder an die Fixierung von Mindestsicherungen, die gleichsam das legitimatorische Fundament jener Ungleichheitsräume bilden, die sich darüber wölben. Auch semantisch, im Diskurs über Gerechtigkeit, trägt der Sozialstaat dazu bei, soziale Ungleichheit erträglich zu machen. Denn er wirbt (in national variabler Dosierung) stets auch für Wertideen, die nicht im Gleichheitsprinzip verankert sind. Dazu zählt vor allem „Leistungsgerechtigkeit", zum Teil auch der ambivalente Leitwert Sicherheit[21]. In der Spannung zwischen der Marktökonomie, die unablässig Ungleichheit hervorbringt, und der demokratischen Ordnung, die auf politischer Gleichheit beruht, tritt der Sozialstaat als Vermittlungsinstanz auf: Seine Räson liegt darin, soziale Ungleichheit auf ein gesellschaftlich *akzeptiertes* Maß zurückzuführen. Man kann noch einen Schritt weiter gehen und sagen: Die Akzeptanz der sozialpolitischen Verteilungskompromisse zählt zum innersten Kern der Legitimation unserer Gesellschaft.

---

[21] Vgl. den Beitrag von Cornelius Torp in diesem Band.

Mit alledem ist gesagt: Soziale Ungleichheit und Sozialstaat stehen in einem multivalenten, zudem historisch wandlungsfähigen Beziehungsverhältnis. Da sich die sozialstaatliche Entwicklung nach 1945 in einem dezidiert nationalstaatlichen Rahmen entfaltet hat, variiert dieses Verhältnis außerdem im internationalen Maßstab. Dem trägt der vorliegende Band mit einem komparativen Ansatz Rechnung. Der vergleichende Blick hat den Vorteil, dass alternative Konstellationen erkennbar werden und das Möglichkeitsbewusstsein geschärft wird. So wächst die Chance, Eigenarten und Besonderheiten präziser zu bestimmen, Wirkungsanteile genauer zu gewichten, aber auch übergreifende Zusammenhänge klarer zu erfassen.

Als Vergleichsland haben wir Großbritannien gewählt – eine klassische Versuchsanordnung, wenn es darum geht, historische Unterschiede in paradigmatischer Absicht herauszuarbeiten. Deutschland und Großbritannien erscheinen in zahlreichen Typologien als Gegenpole, nicht nur im Blick auf den institutionellen Kern der Sozialstaatlichkeit, sondern auch im Blick auf die politischen und sozialökonomischen Rahmenbedingungen und die vorherrschenden Werte der Wohlfahrtskultur. So gilt die Bundesrepublik als Musterbeispiel eines politischen Systems, in dem eine Vielzahl von Mitregenten und Vetospielern (Koalitionsparteien, Länderregierungen, Bundesrat, Bundesverfassungsgericht, ausgeprägte Selbstverwaltungstraditionen und so weiter) permanent zu Kompromissen zwingt, während das Westminster-Modell der parlamentarischen Demokratie Großbritanniens solche Restriktionen ganz oder großenteils ausschließt. Die britische Zentralregierung hielt daher entschieden mehr Machthebel in der Hand, so dass sie auch tiefgreifende Richtungsänderungen wie unter Margaret Thatcher durchzusetzen vermochte. Charakteristische Unterschiede weist zudem das Parteiensystem auf: In der Bundesrepublik spielt der Wettbewerb zwischen zwei großen Sozialstaatsparteien (CDU/CSU und SPD) eine zentrale Rolle, während sich in Großbritannien (mit den *Tories*) ein mächtiger marktliberaler Gegenpol zu den Vorkämpfern des *welfare state* (auf Seiten der *Labour Party*) herausbildete. Die Differenz zwischen der britischen Spielart des Konservativismus und der deutschen Christdemokratie macht auch darauf aufmerksam, dass dem als *religious cleavage* bezeichneten Merkmal in der Sozialstaatsgeschichte große Bedeutung zukommt[22]. Für die Entstehung und die sozialpolitische Wirkung der kontinentaleuropäischen Christdemokratie war der religiöse Faktor sehr bedeutsam,

[22] Dazu jetzt wegweisend: Kees van Kersbergen/Philip Manow (Hrsg.), Religion, Class Coalitions, and Welfare State, Cambridge 2009.

für das politische Profil der *Tories* hingegen kaum. Dies kommt auch darin zum Ausdruck, dass die – großenteils konfessionellen – Verbände der Freien Wohlfahrtspflege im bundesdeutschen Wohlfahrtssektor eine starke Stellung haben, während die *Social Services* in Großbritannien eine Domäne der öffentlichen Administration sind.

Im Blickwinkel der *Varieties of Capitalism*-Debatte erscheinen die beiden Länder als markante Fälle der *coordinated market economy* beziehungsweise der *liberal market economy*[23]. Zu den Unterscheidungsmerkmalen zählt das Ausmaß, in dem kooperative Institutionen den Interessenausgleich zwischen Kapital und Arbeit vermitteln und das Zusammenwirken von Staat, Unternehmerverbänden und Gewerkschaften fördern. In der Bundesrepublik ist der Grad der Institutionalisierung widerstreitender Interessen mit dem Ziel von Konsens und Kooperation traditionell hoch, im marktliberalen Großbritannien jedoch niedrig. Bei der Abgrenzung der „Varianten des Kapitalismus" kommt die Prägekraft des liberalen angelsächsischen Kulturerbes in den Blick: Dieses präferiert eher die Freiheit als die Gleichheit, konnotiert den Staat weniger positiv als deutsche Traditionen dies (seit Hegel) tun und hält ein größeres Maß an sozialer Ungleichheit für unabdingbar[24]. Zu den markanten Unterschieden zählt ferner, dass die Klassenzugehörigkeit in der britischen Gesellschaft deutlicher wahrnehmbar ist als hierzulande. Sie macht sich nicht nur in ökonomischer Hinsicht bemerkbar, sondern auch als Bezugsrahmen kollektiver Mentalität und sozialkultureller Identifikation. Dies hat Folgen für die Bewertung sozialer Ungleichheit: In Großbritannien divergieren die Einstellungen in dieser Frage stärker als in der Bundesrepublik[25].

In den gängigen *welfare state typologies* findet man unsere beiden Vergleichsländer grundverschiedenen Typen zugeordnet. Am einfachsten und bekanntesten ist die Unterscheidung von Bismarck- und Beveridge-Ländern. Hier steht Bismarck für das Modell der Sozialversicherung, die als Attribut der Erwerbstätigkeit konstruiert ist und auf lohnbezogen differenzierten Beiträgen und Leistungen beruht. William Beveridge, dessen berühmter Reformplan als Blaupause für den Aufbau des britischen Wohlfahrtsstaats nach 1945

23 Peter Hall/David Soskice, Varieties of Capitalism: The Institutional Foundations of Comparative Advantages, Oxford 2001.

24 Vgl. Volker Bornschier, Culture and Politics in Economic Development, London 2005, S. 139–151.

25 Vgl. Steffen Mau, The Moral Economy of Welfare States. Britain and Germany Compared, London 2003, S. 96f.

diente, repräsentiert hingegen das Modell einer sozialen Sicherung, die als Attribut der Staatsbürgerschaft konzipiert ist: Sie umfasst im Prinzip die gesamte Bevölkerung, ist weniger streng an das Erwerbssystem gekoppelt und sieht weitgehend einheitliche Leistungen auf dem Niveau einer Basissicherung vor (*flat rate*). Irritierend mag wirken, dass mit „Beveridge" mal die Blaupause, mal der real existierende britische *welfare state* bezeichnet wird. Dieser hat zwar das *flat rate principle* als Strukturmerkmal beibehalten, ist aber in wesentlichen Punkten vom Beveridge-Plan abgewichen. Sein Name wird daher auch für ein Fürsorgemodell in Anspruch genommen, das auf die gesamte Bevölkerung zielt, jedoch „Bedürftigkeit zur Anspruchsvoraussetzung" macht[26]. Genau das hatte der Beveridge-Plan ursprünglich verhindern wollen. Die neue Idee eines allgemeinen Rechts auf ein angemessenes *national minimum* diente ja nicht zuletzt dem Zweck, die aus dem Armenrecht stammenden *means tests* auf Ausnahmefälle zu begrenzen.

Nachhaltiger als diese Zweiteilung haben Dreiertypologien die vergleichende Sozialstaatsforschung geprägt. Besonders einflussreich war die von Gøsta Esping-Andersen propagierte Trias. Demnach drängt das *liberale* (residuale) Wohlfahrtsregime die Macht des Markts am wenigsten zurück, während der *konservative* Regimetyp viel Protektion mit wenig Redistribution verbindet, so dass gesellschaftliche Statusunterschiede festgeschrieben werden; der *sozialdemokratische* Regimetyp zeichnet sich hingegen durch ein hohes Maß an universellen und egalisierenden Leistungen für alle Staatsbürger aus. Hier ist nicht der Ort, um die verzweigte Debatte über diese vielzitierte Musterbildung nachzuzeichnen. Festzuhalten ist indes zweierlei: Die internationale Forschungsdiskussion hat einerseits zu einem regelrechten *Welfare Modelling Business* geführt[27]; andererseits sind die Stimmen immer vernehmlicher geworden, die den Nutzen der typologischen Methode angesichts der „komplexen Eigensinnigkeit" nationaler Traditionen bezweifeln[28]. So sperrt sich auch manches gegen die gängige Praxis, Großbritannien dem liberalen und Deutschland dem konservativen Typ zuzuordnen. Mit dem *National Health Service* hat Großbritannien 1948 das am meisten

---

[26] So etwa Steffen Mau/Roland Verwiebe, Die Sozialstruktur Europas, Konstanz 2009, S. 55. Von 1978 bis Mitte der 1990er hat sich in Großbritannien der Anteil der Leistungen verdoppelt, die eine Bedürftigkeitsprüfung voraussetzen.

[27] Peter Abrahamson, The Welfare Modelling Business, in: Social Policy & Administration 33 (1999), S. 394–415.

[28] Franz-Xaver Kaufmann, Varianten des Wohlfahrtsstaates. Der deutsche Sozialstaat im internationalen Vergleich, Frankfurt a.M. 2003, S. 309.

„sozialisierte" Gesundheitssystem Westeuropas etabliert und hält daran im Grundzug bis heute fest. Und das Gesicht des bundesdeutschen Sozialstaats hat sich in der Reformära zwischen 1966 und 1974 erheblich verändert, wobei die Verstärkung universeller und egalisierender Elemente deutlich über den konservativen Regimetypus hinausführt.

Die Beiträge dieses Bandes fragen daher nicht nur nach Unterschieden, sondern auch nach Gemeinsamkeiten, nicht nur nach Divergenzen, sondern auch nach Konvergenzen der beiden Länder in einem halben Jahrhundert des Umgangs mit sozialer Ungleichheit. Der Blick richtet sich zunächst auf drei Problemfelder: *Armut* – damit haben wir den Bereich sozialer Ungleichheit vor Augen, der wohl am meisten als illegitim und daher als besonders herausfordernd gilt; *Bildungschancen* – sie werden hervorgehoben, da ihre Verteilung die Platzierung auf dem Arbeitsmarkt und damit die Position in der Sozialhierarchie wohl am stärksten beeinflusst; *Geschlechterdifferenzen* – sie bezeichnen eine zentrale Spannungs- und Spaltungslinie im Gefüge des „männlichen Wohlfahrtsstaats" und geben den Blick auf einen tiefgreifenden Wandel im Verhältnis von Staat, Markt und Familie frei. Am Beispiel der Alterssicherung werden dann neue Tendenzen sozialpolitischer Regulierung erörtert, in denen sich Übergänge vom *Wohlfahrtsstaat* zum *Wohlfahrtsmarkt* erkennen lassen. Dabei näherte sich die Bundesrepublik, wie das Beispiel der Riester-Rente zeigt, ein Stück weit dem britischen Modell des *Public-Private Mix* an[29]. Schließlich das Thema *Gerechtigkeit*! Dass der Sozialstaat Lasten und Leistungen gerecht verteilt, gehört zu seiner Legitimationsrhetorik. Aber welche Vorstellungen von Gerechtigkeit konkurrieren miteinander? Wie verhalten sie sich zur Gleichheitsnorm, und wie machen sie sich im Gefüge des deutschen und britischen Wohlfahrtsstaats konkret bemerkbar? Diesen Fragen wendet sich der abschließende Beitrag zu. Wer indes nicht nur diesen Aufsatz, sondern den ganzen Band als einen Versuch zur historischen Fundierung aktueller Gerechtigkeitsdebatten beim Umbau der sozialen Sicherung auffasst, hat unsere Absicht durchaus nicht missverstanden.

---

[29] Teilkonvergenzen zeigen sich auch in „aktivierenden" Formen der Arbeitsmarktpolitik (vgl. Katrin Mohr, Soziale Exklusion im Wohlfahrtsstaat. Arbeitslosensicherung und Sozialhilfe in Großbritannien und Deutschland, Wiesbaden 2007). Dieses Feld haben wir nicht gesondert ins Auge gefasst, auch nicht die Gesundheitspolitik (vgl. dazu Ulrike Lindner, Gesundheitspolitik in der Nachkriegszeit. Großbritannien und die Bundesrepublik Deutschland im Vergleich, München 2004).

Winfried Süß

Armut im Wohlfahrtsstaat

1. Konjunkturen der Armut im Nachkriegseuropa

Sechs Jahre nach dem Ende des Zweiten Weltkriegs beschrieb der Fabrikant, Philantrop und Sozialforscher Benjamin Seebohm Rowntree eine tiefgreifende Veränderung der britischen Gesellschaft: Im Vergleich zu den 1930er Jahren sei die Armut um mindestens 90 Prozent zurückgegangen. Rund ein Drittel dieses Rückgangs könne die gebesserte wirtschaftliche Lage erklären, rund zwei Drittel seien das Ergebnis wohlfahrtsstaatlicher Reformen[1]. Rowntrees aufsehenerregende Befunde prägten bis in die frühen 1970er Jahre das Selbstverständnis der britischen Gesellschaft als einer *affluent society*. Im Um- und Ausbau des britischen *welfare state* durch die Reformen William Beveridges sah man nichts weniger als eine soziale Revolution mit demokratischen Mitteln. Der Dreiklang staatlicher Konjunkturpolitik, industrieller Produktivitätssteigerungen und sozialpolitischer Reformen, so schien es, hatte massenhafte Armut zu einem Phänomen der Welt von gestern gemacht. „Most of our people", so brachte der britische Premier Harold Macmillan das Lebensgefühl vieler Briten selbstzufrieden auf den Punkt, „have never had it so good"[2].

In den meisten Staaten Nord- und Westeuropas lassen sich, manchmal zeitversetzt, ähnliche Entwicklungen beobachten; die Bundesrepublik macht hier keine Ausnahme. Gut ein Jahrzehnt nach der bitteren Not der Nachkriegsjahre konstatierte ein Reporter des „Spiegel", der sich in den Wohlfahrtsämtern mehrerer Großstädte vergebens auf die Suche nach Bedürftigen gemacht hatte, „der weihnachtlich mild gestimmte Bürger" habe es heutzutage „nicht mehr ganz einfach [...] seine Nächstenliebe zur Wirkung zu bringen"[3]. Damit klingt die erste Tonart an, in der sich die Geschichte der Armut im Nachkriegseuropa erzählen lässt: als Ge-

[1] Vgl. Benjamin Seebohm Rowntree/G.R. Lavers, Poverty and the Welfare State: A Third Social Survey of York Dealing Only with Economic Questions, London u. a. 1951; The Times vom 15.10.1951: „Poverty Today".
[2] The Times vom 22.7.1957: „More Production ‚the only answer' to Inflation".
[3] Peter Brügge, „Unsere Armen haben das nicht nötig". Elend im Wunderland, in: Der Spiegel vom 20.12.1961, S. 40–47, hier S. 46.

schichte ihrer Zurückdrängung und wohlfahrtsstaatlichen Einhegung. Abnehmende Sichtbarkeit und der Bedeutungsverlust eines einstmals zentralen Sozialphänomens wären Leitmotive dieser Erzählung.

Setzte man in der Mitte der 1970er Jahre an, müsste diese Geschichte indes für Großbritannien bereits mit einem anderen Akzent erzählt werden. Elende Wohnquartiere, verlauste Schulkinder in den Großstädten Nordenglands und mangelernährte Wohlfahrtsempfänger: Ähnliche Zustände hatte man zuletzt in den 1930er Jahren gesehen. Bis 1985 könne Großbritannien gar zu einer der ärmsten Nationen Europas absinken, warnte Lord Victor Rothschild, ein Berater von Premierminister Edward Heath, angesichts von fünf Millionen Sozialhilfeklienten und empfahl den Briten, sich von der liebgewonnenen Vorstellung zu lösen, „that we are one of the whealthiest, most influential and important countries in the world“[4].

Als die bundesdeutsche Öffentlichkeit Anfang der 1980er Jahre das Phänomen der „Neuen Armut“ im Zeichen zunehmender Massenarbeitslosigkeit debattierte, war diese Diskussion weniger von der Besorgnis des nationalen Niedergangs geprägt als in Großbritannien, gleichwohl verweist sie auf eine erhebliche Verunsicherung der westdeutschen Wohlstandsgesellschaft. „Amtlich anerkannte Armut, jahrelang ein schwindender Restposten“, zählte plötzlich „zu den kräftigsten Wachstumsbereichen“[5]. Befand man sich tatsächlich auf dem Weg „vom Wohlfahrtsstaat zum Armenhaus“[6]? Sogar Mutter Teresa, erfuhren die Leser der Illustrierten „Stern“, habe Ordensschwestern aus den Elendsvierteln Kalkuttas in den Berliner Problembezirk Kreuzberg geschickt, um dort eine Suppenküche zu betreiben[7]. Die Wiederkehr eines sozialen Phänomens, das man längst überwunden glaubte und das nun von fernen Rändern, in die es der Siegeszug des Wohlfahrtsstaats abgedrängt hatte, erneut in die Mitte der Gesellschaft vorzudringen drohte – das ist die zweite Tonart, in der sich die Geschichte der Armut im Nachkriegseuropa vortragen lässt.

---

4 John Groser, Government Embarrassed by Rothschild Warning of Britain as a „poor nation“, in: The Times vom 25.9.1973; vgl. auch Der Spiegel vom 1.10.1973: „England: 1985 das Armenhaus Europas?“

5 Der Spiegel vom 31.5.1982: „Sozialhilfe: ‚Unverantwortlich überlastet‘“.

6 Stern vom 13.7.1984: „Vom Wohlfahrtsstaat zum Armenhaus. Geburtenrückgang, Arbeitslosigkeit und Wirtschaftsflaute treiben den Sozialstaat in die Krise“.

7 Vgl. Stern vom 24.10.1985: „Armut in Deutschland“.

Auch wenn beide Erzählungen sehr unterschiedliche Perspektiven auf das Phänomen Armut richten, enthalten sie doch zwei Gemeinsamkeiten: Zum einen verweisen sie darauf, dass Armut keine statische, sondern eine höchst dynamische Sozialfigur ist, deren Bedeutungshorizonte und Zuschreibungskriterien historisch und interkulturell variabel sind und markanten Veränderungen unterworfen sein können. Zum anderen verbindet sie, dass es offensichtlich weniger um elementare physische Notlagen geht als um soziokulturell definierte materielle Mangelerscheinungen, die Einzelne oder Teile der Bevölkerung von gesellschaftlichen Teilhabemöglichkeiten ausschließen[8].

Beide Leiterzählungen lassen sich in eine sozialgeschichtliche Forschungsperspektive integrieren, die nach der sozialstrukturellen Prägekraft von Wohlfahrtsstaaten fragt. Soziale Sicherheit ist ein „Grundversprechen […] moderner, wohlfahrtsstaatlich formierter Gesellschaften“[9]. Armut, der untere, gesellschaftlich nicht akzeptierte Teil des materiellen Ungleichheitsspektrums, dementiert dieses Versprechen und stellt die Fähigkeit der Gesellschaft zur sozialen Integration ihrer Bürger in Frage. Ihre Abmilderung, Beseitigung und vorsorgliche Verhinderung wird daher als öffentliche Aufgabe angesehen, so dass der Schutz vor Armut und Not den Kern des nach 1945 in vielen europäischen Staaten kraftvoll umgesetzten Sicherungsversprechens bildet. Wohlfahrtsstaaten erreichen dies, indem sie Risiken kollektivieren, Einkommen über den Lebensverlauf verteilen und gesellschaftlich nicht tolerierten Formen von Ungleichheit entgegenwirken. Dies macht den entfalteten Wohlfahrtsstaat zu einer zentralen Drehscheibe bei der Distribution von Lebenschancen in modernen Gesellschaften.

In diesem Kontext kommt der Armutspolitik eine wichtige Funktion zu. In den meisten europäischen Wohlfahrtsstaaten bilden aus Arbeitseinkommen gespeiste Versicherungssysteme gegen Einkommensausfälle infolge von Alter, Krankheit, Unfall und Arbeitslosigkeit die erste Verteidigungslinie gegen Armut und Not. Die soziale Mindestsicherung gegen Armut ist eng mit diesen vorgelagerten Sicherungen verbunden und soll gewährleisten, dass das Sicherungs-

---

[8] Zum Armutsbegriff vgl. Lutz Leisering, Zwischen Verdrängung und Dramatisierung. Zur Wissenssoziologie der Armut in der bundesrepublikanischen Gesellschaft, in: Soziale Welt 44 (1993), S. 486–511, hier S. 486–489; Eva Barlösius/Wolfgang Ludwig-Mayerhofer, Die Armut der Gesellschaft, in: dies. (Hrsg.), Die Armut der Gesellschaft, Opladen 2001, S. 11–67.

[9] Berthold Vogel, Sicher – Prekär, in: Stephan Lessenich/Frank Nullmeier (Hrsg.), Deutschland – eine gespaltene Gesellschaft, Frankfurt a.M./New York 2006, S. 73–91, hier S. 74.

versprechen auch dann Bestand hat, wenn die primären wohlfahrtsstaatlichen Systeme nicht greifen.

Dadurch wird das unterste Netz des Sozialstaats zu einem sensiblen Instrument sozialhistorischer Forschung, das es ermöglicht, den wohlfahrtsstaatlich geformten Kern europäischer Gesellschaften von seinen ungesicherten Rändern her zu beschreiben. Wie veränderten sich Einkommen und Einkommensdisparitäten? Wie wandelte sich die Zusammensetzung der Armutsbevölkerung im Blick auf Alter, Geschlecht, Lebenslage, Ethnizität und Region? Welchen Ursachen lassen sich solche Veränderungen zuordnen? Gleichzeitig kann das unterste Netz des Sozialstaats als erschließungskräftige Sonde für die Auswirkungen sozialer und ökonomischer Umbrüche auf den Wohlfahrtsstaat dienen. Es hat Signalfunktion für die Veränderung alter Problemlagen – etwa der Arbeitslosigkeit – sowie die Entstehung neuer Problemlagen und Risiken, wie etwa der Pflegebedürftigkeit im Alter, die von den Hauptsäulen der sozialen Sicherung nicht oder nur unzureichend getragen wurden[10]. Solche „Herausforderungen des Sozialstaates“[11] betrafen alle europäischen Länder in ähnlicher Weise. Doch wie wurde ihnen in unterschiedlichen institutionellen, kulturellen und politischen Kontexten begegnet? Wie beeinflusste Armutspolitik die Lebensverhältnisse ihrer Adressaten im Kontext unterschiedlicher Arrangements von Versicherungsleistungen, sozialen Infrastrukturen und bedarfsorientierter Sozialhilfe?

Diese Fragen eröffnen den Blick auf eine weitere Perspektive, die quer zu den skizzierten Leiterzählungen liegt: Die Geschichte der Armut ist immer auch eine Konfliktgeschichte. Armutsdebatten spiegeln Kontroversen über die wohlfahrtsstaatliche Performanz sowie um gelungene oder misslungene Anpassungen wohlfahrtsstaatlicher Institutionen an veränderte Verhältnisse. Bei der wiederentdeckten Armut in Großbritannien, der feministischen Sozialstaatskritik und der bundesdeutschen Debatte um die „Neue Soziale Frage“ ging es um die Organisation von Aufmerksamkeit für vernachlässigte Gruppen der Sozialstaatsklienten. Man kann solche Debatten als Konflikte um Diskriminierungen und Privilegierungen durch die soziale Sicherung lesen, als Auseinandersetzungen um gesellschaftliche Inklusion und Exklusion, die auf grundlegende

---

[10] Vgl. Wilfried Rudloff, Öffentliche Fürsorge, in: Hans Günter Hockerts (Hrsg.), Drei Wege deutscher Sozialstaatlichkeit. NS-Diktatur, Bundesrepublik und DDR im Vergleich, München 1999, S. 191–229, hier S. 192.

[11] Franz-Xaver Kaufmann, Herausforderungen des Sozialstaates, Frankfurt a.M. ²2002.

kulturelle und politische Ordnungsmuster europäischer Gesellschaften verweisen[12]. Lesen lassen sich diese Debatten aber auch als Versuche der Selbstverständigung, in denen Gesellschaften, die durch eine jahrzehntelange Erfahrung vermehrten Wohlstands und zunehmender sozialer Homogenisierung geprägt waren, auf den tiefgreifenden Wandel ihrer Umwelt seit den 1970er Jahren reagierten. In dieser Hinsicht ist die Geschichte der Armut Teil einer *seismic history*[13] der Erfahrung, mentalen Verarbeitung und politischen Bearbeitung der globalen Epochenumbrüche „nach dem Boom"[14], die nur vergleichend geschrieben werden kann. Mit der Bundesrepublik und Großbritannien nimmt der Beitrag zwei Länder in den Blick, die beide zum „wohlhabenden Mittelfeld Europas"[15] gehörten und lange Zeit ganz unterschiedlich auf diese Veränderungen antworteten.

2. Sozialhilfebedürftigkeit, Einkommensungleichheit und Armut

Die Sozialhilfe definiert ein soziokulturelles Existenzminimum als wohlfahrtsstaatliche Interventionsschwelle. Insofern ermöglicht sie zumindest mittelbare Rückschlüsse auf Armutsverhältnisse. In beiden Ländern entwickelte sich der Anteil der regelmäßig durch Sozialhilfe Unterstützten für zwei Jahrzehnte nahezu gegenläufig, bevor sich die Entwicklungstrends im Zeichen wirtschaftlicher Krisen einander annäherten. In den westlichen Besatzungszonen Deutschlands wurde nach dem Ende der nationalsozialistischen Herrschaft zunächst das restriktive Weimarer Fürsorgerecht wieder in Kraft gesetzt, wenn auch mit sukzessiven Anpassungen an das steigende Wohlstandsniveau. Im Frühjahr 1949 waren noch beinahe sechs Prozent der Westdeutschen auf die öffentliche Fürsorge angewiesen, mit der anziehenden Konjunktur sank die Sozialhilfequote in der

[12] Für die am Begriffspaar Inklusion/Exklusion orientierte Forschungsperspektive des Trierer SFB Fremdheit und Armut vgl. Lutz Raphael, Figurationen von Armut und Fremdheit. Eine Zwischenbilanz interdisziplinärer Forschung, in: ders./Herbert Uerlings (Hrsg.), Zwischen Ausschluss und Solidarität. Modi der Inklusion/Exklusion von Fremden und Armen in Europa seit der Spätantike, Frankfurt a.M. 2008, S. 13–36.

[13] Vgl. Charles S. Maier, Consigning the Twentieth Century to History. Alternative Narratives for the Modern Era, in: American Historical Review 105 (2000), S. 807–831.

[14] Anselm Doering-Manteuffel/Lutz Raphael, Nach dem Boom. Perspektiven auf die Zeitgeschichte seit 1970, Göttingen 2008.

[15] Stefan Hradil, Die Sozialstruktur Deutschlands im internationalen Vergleich, Wiesbaden ²2006, S. 206.

Bundesrepublik rasch von 2,8 Prozent (1950) auf weniger als ein Prozent in den 1960er Jahren. Die grundlegende Reform des Sozialhilferechts 1961, mit der der Ermessensspielraum der Sozialbürokratie bei der Leistungsgewährung eingeschränkt und ein einklagbares Recht auf Sozialhilfe verankert wurde, konnte daher auf der Erwartung aufbauen, dass Armut als Massenphänomen nie mehr die sozialpolitische Agenda bestimmen und nur mehr als vereinzelter Spezialfall besonderer Lebenslagen auftreten würde[16]. In der ersten Hälfte der 1970er Jahre führten Leistungserweiterungen wie Familienbeihilfen und die Absenkung der sozialstaatlichen Interventionsschwelle zu einer Vergrößerung des Kreises der Bezugsberechtigten und zum erneuten Anstieg der Sozialhilfequote auf etwa 1,5 Prozent (1977). Seit den 1980er Jahren bewirkten die zunehmende Arbeitslosigkeit und Zugangsverschärfungen zu den beitragsfinanzierten Sicherungssystemen eine kontinuierlich zunehmende Inanspruchnahme der Sozialhilfe, so dass 1993 rund drei Prozent der Bundesbürger regelmäßig Leistungen von dort bezogen[17].

In Großbritannien hatten sozialpolitische Reformen und der Wirtschaftsboom der Nachkriegsjahre zunächst ebenfalls zu einem spürbaren Bedeutungsverlust der Sozialhilfe geführt. Die 1948 eingeführte *National Assistance* sollte vor allem als Überbrückung dienen, bis die neuen beitragsfinanzierten Sicherungsnetze des *welfare state* ihre volle Tragfähigkeit erreicht hatten. Tatsächlich aber stieg die Zahl der Bezieher von *National Assistance, Supplementary Benefit* (seit 1967) und *Income Support* (seit 1988) in mehreren Schüben rasch an. Zwischen 1950 und 1965 pendelte die Sozialhilfequote zwischen vier und fünfeinhalb Prozent. Bis 1979 nahm sie – allerdings auch aufgrund von Leistungsausweitungen – auf etwa acht Prozent zu, wuchs infolge der um sich greifenden Massenarbeitslosigkeit bis Mitte der 1980er Jahre auf 15 Prozent und er-

16 Vgl. Friederike Föcking, Fürsorge im Wirtschaftsboom. Die Entstehung des Bundessozialhilfegesetzes von 1961, München 2007; Petra Buhr u.a., Armut und Sozialhilfe in vier Jahrzehnten, in: Bernhard Blanke/Hellmut Wollmann (Hrsg.), Die alte Bundesrepublik. Kontinuität und Wandel, Opladen 1991, S. 502–546.

17 Vgl. Statistisches Jahrbuch der Bundesrepublik Deutschland, verschiedene Jahrgänge; Lebenslagen in Deutschland. Der erste Armuts- und Reichtumsbericht der Bundesregierung, Bonn 2001, S. 126. Sofern nicht anders ausgewiesen, sind die Daten für Deutschland diesem Bericht bzw. dem dazugehörenden Materialband entnommen und beziehen sich ab 1990 auf die alten Bundesländer. Durch die Reformen der sozialen Mindestsicherung 1961 und 2005 und die Ausgliederung von Asylbewerbern aus der Sozialhilfe 1993 sind die Werte nur eingeschränkt als Zeitreihe interpretierbar.

reichte nach einem kurzzeitigen Rückgang 1993 nahezu 18 Prozent. Damit war der Lebensstandard jedes sechsten Bürgers des Vereinigten Königreichs direkt abhängig von Sozialhilfeleistungen[18].

Seit der zweiten Hälfte der 1970er Jahre entwickelte sich die Sozialhilfequote in beiden Ländern also durchaus ähnlich, allerdings mit zwei wesentlichen Unterschieden: erstens war sie in Großbritannien, anders als in der Bundesrepublik, vor allem in den 1980er Jahren starken politisch gesetzten Veränderungen unterworfen; zweitens war die Belastung des untersten sozialstaatlichen Netzes im Vereinigten Königreich ungleich größer. Dies verweist auf grundlegende Konstruktionsunterschiede in der sozialen Sicherung beider Länder, die auch die Stellung der materiellen Mindestsicherung im Gefüge der Sozialleistungen betreffen[19]. Der britische *welfare state* hat eine egalisierende Komponente durch seinen starken Akzent auf sozialen Diensten und Infrastrukturen, die allen offen stehen. Sein Verständnis von *social security* ist allerdings vornehmlich an einer Grundsicherung orientiert, die – zugespitzt gesagt – für alle Betroffenen ähnlich unkomfortabel ist, denn sie zielt lediglich darauf, Armut auf dem Niveau des Existenzminimums zu vermeiden.

Hier kommt eine wohlfahrtsstaatliche Gründungsformel zum Ausdruck, die sich fundamental von der der Bundesrepublik unterschied: Machte in Westdeutschland die Leitidee der Statussicherung den Sozialstaat auch für besserverdienende Bevölkerungsgruppen zunehmend attraktiv, wurden die britischen Mittelschichten durch die Leitidee einer Grundsicherung bei niedrigen Finanzierungsbeiträgen für den *welfare state* gewonnen[20]. Dies begrenzte die Umverteilung durch Sozialtransfers, bewirkte allerdings auch ein im Vergleich zur Bundesrepublik deutlich niedrigeres Niveau sozialer Leistungen, wie das Beispiel der staatlichen *basic pensions* zeigt, die Mitte der 1970er Jahre nur ein Viertel des Durchschnittsverdiensts betrugen, während bundesdeutsche Rentner etwa 70 Prozent ihres

---

[18] Vgl. Josephine Webb, Social Security, in: A.H. Halsey/Josephine Webb (Hrsg.), Twentieth-Century British Social Trends, Basingstoke 2000, S. 548–583, hier S. 569; Ian Gazeley, Poverty in Britain, 1900–1965, Basingstoke u.a. 2003, S. 158–185; Nicholas Barr/Fiona Coulter, Social Security: Solution or Problem?, in: John Hills (Hrsg.), The State of Welfare: The Welfare State in Britain since 1974, Oxford 1990, S. 274–337.

[19] Vgl. Franz-Xaver Kaufmann, Varianten des Wohlfahrtsstaats. Der deutsche Sozialstaat im internationalen Vergleich, Frankfurt a.M. 2003, S. 125–160 und S. 248–308.

[20] Vgl. Gerhard A. Ritter, Der Sozialstaat. Entstehung und Entwicklung im internationalen Vergleich, München 1989, S. 146f.

letzten Nettolohns erhielten[21]. Die britische Arbeitslosenunterstützung war lediglich als Notsicherung vor dem Hintergrund einer stabilen Vollbeschäftigungserwartung konzipiert, auch ihre Leistungen fielen deutlich niedriger aus als die ihres bundesdeutschen Gegenstücks. Britische Arbeitslose erhielten für einen kurzen Übergangszeitraum etwa 20 Prozent des Durchschnittsverdiensts als Versicherungsleistung, bevor sie auf *Income Support* angewiesen waren, bundesdeutsche Arbeitslose hingegen 50 bis 70 Prozent ihres letzten Nettoeinkommens. Damit lagen die Einkünfte von Rentnern und Arbeitslosen in Großbritannien nicht selten unter dem Subsistenzniveau, zumal viele Zusatzleistungen weiterhin an unpopuläre Bedarfsprüfungen in der Tradition des viktorianischen *Poor Law* gebunden blieben, die in den Nachkriegsjahren zwar von den *Labour*-Regierungen abgebaut worden waren, jedoch in der Regierungszeit Thatchers wieder stark an Bedeutung gewannen. In der Summe hatte dies zur Folge, dass die armutsvermeidende Sozialhilfe im Gefüge der sozialen Sicherung Großbritanniens einen ganz anderen Stellenwert einnahm als in Deutschland. Hatte die bundesdeutsche Sozialhilfe die Funktion eines Ausfallbürgen für vorübergehende individuelle Notlagen, kam dem britischen Pendant gerade für Rentner und Arbeitslose eine unverzichtbare Funktion als „reguläre Ergänzung"[22] für die Leistungen der vorgelagerten Sicherungssysteme zu.

Aus der Entwicklung der Sozialhilfequote lässt sich nicht direkt auf die Armutsentwicklung schließen. Denn die Sozialhilfebedürftigkeit definiert (zumindest in der Theorie) eine Eingriffsschwelle, an der Armut durch wohlfahrtsstaatliche Interventionen abgewehrt werden kann. In der Praxis war dies gerade in Großbritannien häufig nicht der Fall, da die Kaufkraft der Sozialhilfe zu Beginn der Ära Thatcher (1979) für einen Alleinstehenden etwa 20 Prozent und an ihrem Ende (1995) weniger als 15 Prozent des Durchschnittsverdiensts entsprach[23]. Als Indikator für die politische Aufmerksamkeitsschwelle und als Hinweis auf die Entwicklung materieller Bedürftigkeit ist die Sozialhilfequote aber unverzichtbar, auch

---

[21] Vgl. dazu die Beiträge von Cornelius Torp und Lutz Leisering/Christian Marschallek in diesem Band.

[22] Josef Schmid, Wohlfahrtsstaaten im Vergleich. Soziale Sicherungssysteme in Europa: Organisation, Finanzierung, Leistungen und Probleme, Opladen 1996, S. 172.

[23] Vgl. John Hills, The Last Quarter Century. From New Right to New Labour, in: Howard Glennerster u. a. (Hrsg.), One Hundred Years of Poverty and Policy. Joseph Rowntree Foundation, Water End 2004, S. 92–131, hier S. 106.

wenn sie hochgradig wertbezogen und je nach nationalem und historischem Kontext unterschiedlich konstruiert ist. Zudem folgt sie einer eigenen Dynamik, die sich nicht notwendig mit der Entwicklung materieller Bedürftigkeit deckt. Da mehr als ein Drittel der Sozialhilfeberechtigten ihm zustehende Leistungen nicht in Anspruch nahm, spiegelt die Sozialhilfequote einerseits nicht das reale Ausmaß bestehender Mangellagen wider. Andererseits überzeichnet sie deren Anstieg[24]. Daher haben sich in der Soziologie sozialer Ungleichheit andere Armutsbegriffe etabliert, insbesondere ein relativer Armutsbegriff, der das verfügbare Haushaltseinkommen des einkommensschwächsten Bevölkerungssegments in Beziehung setzt zum Einkommensdurchschnitt der Bevölkerung. Dabei gelten Haushalte als arm, die über weniger als 50 Prozent des durchschnittlichen Einkommens verfügen[25]. Dieser ausschließlich auf die materielle Situation fokussierte Armutsbegriff setzt sich leicht dem Verdacht aus, er sei unterkomplex angelegt. Allerdings besteht Einigkeit darüber, dass er eine Schwelle markiert, bei deren Unterschreiten die Risiken ungleicher Lebenschancen und nachhaltiger sozialer Ausgrenzung in Marktgesellschaften deutlich zunehmen. Zudem stehen Zeitreihen zur Einkommensverteilung für Großbritannien und die Bundesrepublik (mit gewissen Einschränkungen) seit Anfang der 1960er Jahre zur Verfügung, während avanciertere Konzepte, die etwa nach Lebensqualität und Lebenschancen von Unterschichten fragen, mangels geeigneter Daten derzeit kaum für die zeithistorische Analyse fruchtbar gemacht werden können[26].

Großbritannien zählt zu den europäischen Ländern mit ausgesprochen stark ausgeprägter Einkommensungleichheit. Bis zur zweiten Ölpreiskrise Ende der 1970er Jahre hatten Lohnzuwächse und der Ausbau des wohlfahrtsstaatlichen Steuer- und Transfersystems die Unterschiede aber spürbar eingeebnet. Gerade in den 1960er Jahren und in der ersten Hälfte der 1970er Jahre verloren

---

[24] Vgl. Rainer Geißler, Die Sozialstruktur Deutschlands. Ein Studienbuch zur sozialstrukturellen Entwicklung im geteilten und vereinten Deutschland, Opladen 1992, S. 169f.

[25] Sofern nicht anders ausgewiesen, beziehen sich die Zahlen auf das arithmetische Mittel der bedarfsgewichteten Haushaltsnettoeinkommen einschließlich der Sozialtransfers. Zur Diskussion einschlägiger Indikatoren vgl. Irene Becker/Richard Hauser, Anatomie der Einkommensverteilung. Ergebnisse der Einkommens- und Verbrauchsstichproben 1969–1998, Berlin 2003, S. 58–65f.

[26] Als Überblick vgl. Petra Böhnke, Am Rande der Gesellschaft. Risiken sozialer Ausgrenzung, Opladen 2006.

die markanten Einkommensdifferenzen zwischen unterschiedlichen Bildungsprofilen und Berufsgruppen einiges von ihrer Schärfe, so dass sich die Ränder des Ungleichheitsspektrums aufeinander zubewegten. Während das Bevölkerungszehntel der Bestverdiener rund vier Prozent seines Einkommensvorsprungs verlor, konnte das ärmste Zehntel der Bevölkerung Boden gutmachen und seine Einkommensposition um rund 18 Prozent verbessern[27].

Seit dem Ende der 1970er Jahre öffnete sich die Schere zwischen arm und reich erneut, und zwar vor allem, weil die Einkommen der Wohlhabenden in die Höhe schossen, während einkommensschwache Bevölkerungsschichten nicht mehr an den Zuwächsen teilhatten und zeitweise sogar reale Einkommensverluste verbuchen mussten. 1977 verdienten Angehörige des einkommensstärksten Bevölkerungszehntels rund 167 Prozent des Medianeinkommens, 1999 bereits 197 Prozent. Die Einkommen des mittleren Segments blieben in etwa stabil, das ärmste Dezil büßte hingegen rund ein Drittel seiner Einkommenszuwächse aus der vorangegangenen Dekade wieder ein. Die Veränderung eines häufig verwendeten statistischen Verteilungsmaßes unterstreicht diesen Befund: Der Gini-Koeffizient[28] sank zwischen 1965 und 1975 von 0,26 auf 0,24, danach stieg er erneut, zunächst nur leicht, steiler dann – von 0,25 auf 0,33 – zwischen 1980 und 1993, so dass die Ungleichheit der Einkommensverhältnisse Anfang der 1990er Jahre deutlich größer war als 25 Jahre zuvor. Ursächlich hierfür waren insbesondere die steigende Arbeitslosigkeit, der Rückgang der Erwerbsbevölkerung (bis 1985) sowie zunehmende Einkommensunterschiede zwischen männlichen Arbeitnehmern. Seit Mitte der 1980er Jahre verstärkte die abnehmende Redistributionskraft des Steuer- und Transfersystems den Trend zunehmender Einkommensungleichheit.

Diese Skizze gewinnt noch schärfere Konturen durch einen Blick auf die verschiedenen Armutsquoten: Anfang der 1960er Jahre verfügten etwa elf Prozent der Bevölkerung Großbritanniens über weniger als die Hälfte des durchschnittlichen Nettoeinkommens und galten damit als arm. Bis 1977 sank ihr Anteil (mit Schwankungen) auf etwa 7,5 Prozent, seitdem stieg er wieder steil an: in einem ersten Schub auf etwa elf Prozent 1981 und in einem zweiten Schub auf bis zu 24 Prozent Anfang der 1990er Jahre. Zwischen drei

[27] Vgl. Anthony B. Atkinson, The Distribution of Income in the UK and OECD Countries in the Twentieth Century, in: Oxford Review of Economic Policy 15 (1999), S. 56–75; Anthony B. Atkinson, Distribution of Income and Wealth, in: Halsey/Webb (Hrsg.), British Social Trends, S. 348–381.

[28] Der Koeffizient kann Werte zwischen 0 und 1 annehmen. Je mehr er sich 1 nähert, desto größer ist die Ungleichverteilung.

und fünf Prozent der britischen Bevölkerung mussten sogar mit einem kargen Einkommen unterhalb des *supplementary benefit level* auskommen[29]. Nach Jahrzehnten wachsenden Wohlstands, rückläufiger Einkommensungleichheit und abnehmender Armut war das letzte Viertel des 20. Jahrhunderts für die Bürger des Vereinigten Königreichs eine Periode neu verfestigter Ungleichheitsmuster und wieder zunehmender Armut, eine Zeit des immer stärker zerklüfteten Wohlstands, in der die von der konservativen Regierung abgeschliffenen sozialen Transfersysteme es immer weniger vermochten, den Ungleichheiten entgegenzuwirken, die der aus den Fugen geratene Arbeitsmarkt hervorbrachte. Die Jahre „nach dem Boom" markieren daher einen tiefen Einschnitt in der Geschichte des britischen *welfare state*, der mit dem Leitziel dauerhafter Armutsvermeidung angetreten war[30].

In der Bundesrepublik verlief die Entwicklung im Trend ähnlich, allerdings mit entscheidenden Unterschieden in der Ausformung und im Zeitverlauf. Hier ging die Ungleichheit der Haushaltsnettoeinkommen bis Mitte der 1970er Jahre ebenfalls zurück, seither stieg sie wieder etwas an. Vor der Wiedervereinigung hielten sich diese Veränderungen allerdings „in engen Grenzen"[31]; zudem gab es keine soziale Polarisierung durch stagnierende Einkommen Armer und in die Höhe schießende Einkommen Wohlhabender, wie sie das Vereinigte Königreich seit den 1980er Jahren erlebte[32]. Der Gini-Koeffizient der bundesdeutschen Nettoäquivalenzeinkommen sank zwischen 1962/63 und 1973 merklich von 0,29 auf 0,25, stagnierte bis 1988 und stieg nach dem Fall der Mauer erneut leicht an (1993: 0,29). Dabei vergrößerte sich der Abstand bei den versteuerten und durch Sozialtransfers ergänzten Einkommen deutlich später als bei den Markteinkommen. Dies lässt sich als Indiz für eine beachtliche Dämpfungswirkung des bundesdeutschen Systems

---

[29] Vgl. David Piachaud/Josephine Webb, Changes in Poverty, in: Glennerster u. a. (Hrsg.), Poverty and Policy, S. 29–47, hier S. 46.

[30] So setzte der Reformplan von William Beveridge 1942 das Ziel „Not unter allen Umständen überflüssig zu machen"; zit. nach Ritter, Sozialstaat, S. 147.

[31] Hierzu und zum Folgenden Richard Hauser/Irene Becker, Wird unsere Einkommensverteilung immer ungleicher? Einige Forschungsergebnisse, in: Diether Döring (Hrsg.), Sozialstaat in der Globalisierung, Frankfurt a.M. 1999, S. 89–116, hier S. 97 und S. 100.

[32] Die im Vergleich zu Großbritannien moderate Angleichung der Haushaltsnettoeinkommen während des Booms lässt sich großenteils darauf zurückführen, dass die deutsche Rentenversicherung Erwerbspositionen im Alter fortschreibt. Vgl. Jan Goebel/Peter Krause, Gestiegene Einkommensungleichheit in Deutschland, in: Wirtschaftsdienst 2007, S. 824–832, hier S. 830 (Zahlen für 1985 bis 2006).

sozialer Transferleistungen auch in ökonomischen Krisenzeiten werten, das große Teile der Bevölkerung vor den Unbilden des Markts zu schützen vermochte und eine Polarisierung der Sozialstruktur verhinderte[33]. Bis Ende der 1970er Jahre konnten neu durch den Markt verursachte Ungleichheiten auf diese Weise weitgehend kompensiert werden. Erst seit Mitte der 1980er Jahre und besonders seit Anfang der 1990er Jahre lässt sich eine „abnehmende Ausgleichswirkung des Steuer- und Transfersystems“[34] beobachten. Anders als in Großbritannien resultiert diese Entwicklung nicht aus einem gezielten Rückbau sozialer Sicherung, sondern aus deren sinkender Kompensationskraft gegenüber wachsenden Ungleichheiten in der Verteilung von Markteinkommen und Arbeitslosigkeit. Diesem Befund entspricht die Entwicklung der relativen Armutsquote: 1962/63 mussten gut zehn Prozent der Bevölkerung mit weniger als der Hälfte des durchschnittlichen Nettoeinkommens auskommen, bis 1978 fiel dieser Wert auf 6,8 Prozent, um seither wieder zu steigen. Am Ende der alten Bundesrepublik erreichte die Armutsquote 8,8 Prozent (1988), 1993 war mit zehn Prozent das Ausgangsniveau von 1962/63 nahezu wieder erreicht.

Seit Mitte der 1990er Jahre verringern sich die Differenzen in der Einkommensverteilung beider Länder. Während die Einkommensspreizung in Großbritannien seit der Regierungsübernahme von *New Labour* leicht zurückgeht (bei weiterhin hoher Armutsquote), polarisieren sich die Einkommensverhältnisse in der Bundesrepublik zunehmend. Das Armutsrisiko steigt kontinuierlich, ebenso die Sozialhilfequote, die seit der Jahrtausendwende noch einmal deutliche Zuwächse verzeichnete und 2005 rund zehn Prozent betrug[35]. Auch in der Bundesrepublik hat das Schlagwort von der Wiederkehr der Armut also einen empirischen Kern, der im Folgenden näher bestimmt werden soll.

Am deutlichsten unterscheiden sich beide Wohlfahrtsstaaten bei der Altersarmut, die in Großbritannien aufgrund der niedrigen *basic pensions* dauerhaft hoch blieb. Arme Alte ohne betriebliche Zusatzversorgung bildeten in den 1950er und 1960er Jahren die größte Teilgruppe der britischen Armutsbevölkerung. Nach der Aufstockung

---

[33] Auf einer anderen Datenbasis wird dieses Problem diskutiert bei: Christoph Birkel, Einkommensungleichheit und Umverteilung in Westdeutschland, Großbritannien und Schweden 1950 bis 2000, in: Vierteljahrshefte zur Wirtschaftsforschung 75 (2006) H. 1, S. 174–194.

[34] Hauser/Becker, Einkommensverteilung, in: Döring (Hrsg.), Sozialstaat in der Globalisierung, S. 111.

[35] Vgl. Lebenslagen in Deutschland. Der 3. Armuts- und Reichtumsbericht der Bundesregierung, Berlin 2009, S. 25 und S. 39f.

der staatlichen Pensionen in den 1970ern ging die Altersarmut zunächst zurück, stieg aber infolge von Kaufkraftverlusten der staatlichen Grundrenten in den 1980er Jahren über das Ausgangsniveau. In der Bundesrepublik war Altersarmut vor allem ein Phänomen der unmittelbaren Nachkriegsjahre. Die Rentenreformen von 1957 und 1972 sowie die Dynamisierung der Kriegsopferversorgung 1969 stärkten die Einkommensposition der Rentner deutlich. Trotz der heraufziehenden Wirtschaftskrisen sank die Armutsquote der Rentner zwischen 1973 und 1993 von gut 13 auf 8,5 Prozent und lag damit unter dem Durchschnitt der Gesamtbevölkerung. Von dieser Entwicklung profitierten besonders Geringverdiener und Frauen. Ältere kamen damit deutlich besser durch die ökonomischen Krisen der 1970er und 1980er Jahre als etwa Arbeitslose und Sozialhilfeempfänger, deren relative (und zeitweise auch reale) Einkommensposition sich leicht verschlechterte. Allerdings entstand für Hochbetagte durch Pflegekosten, die bereits Anfang der 1980er ein durchschnittliches Renteneinkommen deutlich überstiegen, ein neues Armutsrisiko, das erst durch die Einführung der Pflegeversicherung 1995 sozialstaatlich eingehegt wurde[36].

Seit den 1980er Jahren bestimmte das aus langfristiger Arbeitslosigkeit resultierende Armutsrisiko der mittleren Generation in beiden Ländern zunehmend den sozialstaatlichen Problemhorizont. Gab 1980 jeder zehnte bundesdeutsche Haushalt, der Hilfe zum Lebensunterhalt bezog, Arbeitslosigkeit als Hauptursache dafür an, war es 1990 bereits jeder dritte. Mitte der 1980er Jahre galten knapp 30 Prozent der bundesdeutschen Arbeitslosenhaushalte als arm. Diese Entwicklung traf das Vereinigte Königreich ungleich härter als den deutschen Sozialstaat. Das lag zum einen an den deutlich höheren Arbeitslosenraten und einer Struktur der Arbeitslosigkeit, die stärker als in der Bundesrepublik von lang andauernder Beschäftigungslosigkeit geprägt war, zum anderen aber daran, dass Arbeitslosigkeit in Großbritannien aufgrund der geringen Leistungen der Arbeitslosenversicherung für die betroffenen Familien eine rapide und substantielle Minderung ihres Lebensstandards bedeutete. Diese Form der Armut war regional sehr ungleich verteilt und betraf vor allem die altindustriellen Zentren in Wales, Mittel- und Nordengland, wo die Arbeitslosigkeit oft mehr als das

[36] Vgl. David Piachaud/Josephine Webb, Why has Poverty changed?, in: Glennerster u.a. (Hrsg.), Poverty and Policy, S. 48–60, hier S. 50; Jens Alber, Der Wohlfahrtsstaat in der Wirtschaftskrise. Eine Bilanz der Sozialpolitik in der Bundesrepublik Deutschland seit den frühen siebziger Jahren, in: Politische Vierteljahresschrift 27 (1986), S. 28–60, hier S. 48.

Doppelte des Landesdurchschnitts betrug[37]. In der Bundesrepublik hingegen sorgten das im Grundgesetz festgelegte Ziel der „Herstellung gleichwertiger Lebensverhältnisse“ und wahlpolitisch gestützte föderale Solidaritätsvorstellungen für eine stärkere strukturpolitische Abfederung der Probleme in vom industriellen Strukturwandel besonders betroffenen Regionen.

Die ethnisierte Armut ist eng mit der Entwicklung auf dem Arbeitsmarkt verkoppelt. Sie betrifft in England vor allem farbige Zuwanderer aus Pakistan und Bangladesch, Afrika und den Kariben (weit weniger Inder und Chinesen), die zumeist in urbanen Ballungsgebieten leben und mehrheitlich gering qualifizierte manuelle Berufe ausüben. Ihr Arbeitseinkommen liegt deutlich unter dem britischen Durchschnitt, ihre Arbeitslosenrate, vor allem die männlicher Jugendlicher, dagegen signifikant darüber. In der Bundesrepublik sind vor allem Asylbewerber und Nachkommen der ersten Migrantengeneration ohne Berufsausbildung von Armut betroffen, seit den 1990er Jahren zunehmend auch rußlanddeutsche Rückwanderer mit mangelnden Deutschkenntnissen und fehlender Berufsqualifikation. Mitte der 1980er Jahre war die Armutsquote von Zuwanderern – mit 15 Prozent bei steigender Tendenz – beinahe doppelt so hoch wie die der deutschen Bevölkerung[38]. Die Quote ausländischer Sozialhilfebezieher stieg in der zweiten Hälfte der 1980er Jahre ebenfalls merklich an (zwischen 1980 und 1993 von 1,5 auf 10,7 Prozent), nicht zuletzt weil Migranten oftmals als gering qualifizierte Arbeitnehmer besonders vom ökonomischen Strukturwandel betroffen waren. Hier ist allerdings zu unterscheiden zwischen der starken medialen Aufmerksamkeit für die ethnisch markierte Armut und dem tatsächlichen sozialpolitischen Problemdruck, der deutlich schwächer war: 1993, auf dem Höhepunkt der deutschen Asyldebatte, erhielten etwa 750 000 Ausländer Hilfe zum Lebensunterhalt (darunter rund 300 000 Asylbewerber), während der Sozialhilfebedarf von über einer Million Kindern und

---

[37] Vgl. Ian Gazeley/Andrew Newell, Unemployment, in: Nicolas F.R. Crafts/Ian Gazeley/Andrew Newell (Hrsg.), Work and Pay in Twentieth-Century Britain, Oxford u. a. 2007, S. 225–263, hier S. 225–233; Vani K. Borooah/Patrick P. MacGregor/Patricia M. MacKee, Regional Income Inequality and Poverty in the United Kingdom: An Analysis based on the 1985 Family Expenditure Survey, Aldershot u. a. 1991.

[38] Dieser Wert basiert auf Auswertungen des sozioökonomischen Panels und ist aufgrund anderer Erhebungsmethoden nicht direkt mit den von Hauser/Becker verwendeten Daten der Einkommens- und Verbrauchsstichprobe vergleichbar.

Jugendlichen keine vergleichbare öffentliche Aufmerksamkeit fand[39].

Beide Länder hatten seit den 1970er Jahren mit der zunehmenden Armut von Kindern, Jugendlichen und ihren Müttern zu kämpfen. Mehr noch als in Großbritannien, wo auch das Thema Kinderarmut in vollständigen Familien nie von der politischen Tagesordnung verschwand, geht es dabei in der Bundesrepublik um eine wachsende Zahl von zumeist schlecht abgesicherten, vornehmlich städtischen Haushalten von Alleinerziehenden, denen es ohne Kinderbetreuung an Erwerbsmöglichkeiten fehlt. Zwischen 1973 und 1993 haben sich die Armutsquoten von Alleinerziehenden von 10,7 auf 22,6 Prozent und von Kindern bis zu sechs Jahren von acht auf 15,9 Prozent in etwa verdoppelt; sie wuchsen damit deutlich schneller als die Armutsquote der Gesamtbevölkerung. Die Sozialhilfequote folgte diesem Trend und stieg von 15,2 Prozent (1975) auf 27,6 Prozent (1995), so dass dieser Haushaltstyp heute als die „zentrale Problemgruppe“[40] armutspolitischer Intervention gilt.

In Großbritannien gelang es zunächst, die Kinderarmut durch spezielle Beihilfen spürbar zurückzudrängen. Auch hier stieg die Armutsquote von Kindern seit den 1970er Jahren indes rasant an: von 7,5 Prozent 1973 auf 19 Prozent 1993, wobei der stärkste Zuwachs in den 1980er Jahren zu verzeichnen war. Damit ist Großbritannien das Land mit der am stärksten ausgeprägten Kinderarmut in Europa (vor Italien und Irland), während die Bundesrepublik einen mittleren Platz einnimmt. Die Zahl der durch *Income Support* unterstützten *single parent families* im Vereinigten Königreich hat sich zwischen 1975 und 1995 nahezu vervierfacht (von 276000 auf über eine Million). Solche Haushalte entsprachen immer seltener der klassischen Kopplung von geringem Bildungsgrad, niedrig qualifizierten Tätigkeiten und hohem Armutsrisiko. Hier entstanden, in Großbritannien früher als in der Bundesrepublik, Formen neuer Armut, die aus veränderten Mustern des Zusammenlebens resultierten und die bis heute von den sozialen Sicherungsnetzen beider Länder nur unzureichend abgefedert werden[41].

---

[39] Vgl. Ceri Peach u.a., Immigration and Ethnicity, in: Halsey/Webb (Hrsg.), British Social Trends, S. 128–175; Wolfgang Seifert, Migration als Armutsrisiko, in: Barlösius/Mayerhofer (Hrsg.), Armut, S. 201–222.

[40] Lebenslagen in Deutschland (2001), Materialband, S. 87.

[41] Für die Bundesrepublik: Alleinerziehende mit einem Kind; aufgrund geringer Fallzahlen der Stichprobe sind die Werte bis 1983 nur bedingt repräsentativ. Für Großbritannien vgl. Annual Abstract of Statistics, verschiedene Jahrgänge, und Piachaud/Webb, Changes in Poverty, in: Glennerster u.a. (Hrsg.), Poverty and Policy, S. 28–47, hier S. 46.

3. Armutspolitische Konfliktlinien

Wie die diachrone Betrachtung gezeigt hat, unterscheiden sich die Armutsprofile und die Toleranz gegenüber Armut und materieller Ungleichheit in beiden Ländern markant. Aus der Einbettung der Armutsthematik in die politische Kultur beider Länder lassen sich diese Unterschiede nicht ohne weiteres erklären. In Großbritannien konnte Armut deutlich leichter politisiert werden als in der Bundesrepublik. Darauf verweist eine reiche Tradition außerparlamentarischer Proteste und zivilgesellschaftlichen Engagements, die von den Hungermärschen der 1930er Jahre über die Bewegung zur Zurückdrängung der Kinderarmut in den 1960er Jahren bis hin zu den armutspolitischen Stadtteilinitiativen in den 1980er Jahren reicht. Man kann die hohe politische Sprengkraft der Armutsthematik teilweise mit ihrer engen Bindung an die Klassenfrage erklären – einem Grundthema der neueren Geschichte Großbritanniens[42]. Trotz des gestiegenen Wohlstands verstand sich die Mehrzahl der Briten weiterhin als Teil einer zerklüfteten, „durch tief gehende soziale Ungleichheit" geprägten Gesellschaft[43].

In der Bundesrepublik eignete sich das Thema materielle Ungleichheit bis in die 1980er Jahre hingegen kaum für Polarisierungen. In der unmittelbaren Nachkriegszeit hatte die einheitsstiftende Vorstellung einer gemeinsamen „Armut des Volkes"[44] das öffentliche Bild der Armut geprägt, während in den Boomjahren Gesellschaftskonzeptionen dominierten, die soziale Unterschiede und Konflikte eher überwölbten als sie zu akzentuieren. In einer sozialkonservativen Variante finden sich solche Vorstellungen in Helmut Schelskys Konstrukt einer „nivellierten Mittelstandsgesellschaft", sozialdemokratisch grundiert seit den 1960er Jahren im Leitbild der „Arbeitnehmergesellschaft"[45]. Gesellschaftstheorien der „zweiten Moderne", die seit den 1980er Jahren solche homogenisierenden Gesellschaftskonzeptionen in Frage stellten, setzten den Akzent nicht mehr auf marktverursachte soziale Ungleichheiten, sondern auf neue Kon-

---

[42] Vgl. David Cannadine, Class in Britain, London 2000.

[43] Thomas Mergel, Großbritannien seit 1945, Göttingen 2005, S. 131.

[44] So Ludwig Erhard 1956; zit. nach Leisering, Verdrängung, S. 491.

[45] Vgl. Paul Nolte, Die Ordnung der deutschen Gesellschaft. Selbstentwurf und Selbstbeschreibung im 20. Jahrhundert, München 2000, S. 318–351; Winfried Süß, Sozialpolitische Denk- und Handlungsfelder in der Reformära, in: Hans Günter Hockerts (Hrsg.), Geschichte der Sozialpolitik in Deutschland seit 1945, Bd. 5: Bundesrepublik Deutschland 1966–1974. Eine Zeit vielfältigen Aufbruchs, Baden-Baden 2006, S. 157–221, hier S. 206f.

fliktlinien („Risikoverteilung") und selbstbestimmte Stratifizierungen („Individualisierung", „Lebensstile")[46].

Der unterschiedliche Stellenwert der Armutsthematik spiegelt sich auch in den Wissenschaftskulturen beider Länder[47]. Armut ist eines der großen, wenn nicht sogar das große Thema der britischen Sozialwissenschaften. Großbritannien verfügt über eine reiche Tradition empirischer Erhebungen zu Einkommensverhältnissen und Lebensbedingungen von Unterschichten. Die Arbeiten von Charles Booth (1892) und Benjamin Seebohm Rowntree (1899, 1936, 1951) waren stilprägend für die sozialwissenschaftliche Forschung[48]. Nicht wenige haben die Sozialpolitik stark beeinflusst, wie die Studie von Brian Abel-Smith und Peter Townsend, die die Wiederentdeckung der Armut in Großbritannien einleitete und den Anstoß zur Reform der Alterssicherung gab[49]. Die bundesdeutsche Soziologie hingegen konzentrierte sich lange auf die Mittelschichten und zeigte wenig Interesse an materiellen Ungleichheiten. Arm, das waren die anderen – Menschen in der „Dritten Welt", gesellschaftlich wenig Integrierte und vom Leben Benachteiligte, Männer und Frauen mit exotischen oder gar „devianten" Biographien[50]. Erst in den 1980er Jahren kam es im Kontext der Bremer „dynamischen Armutsforschung" und von aus Brüssel finanzierten Verbundprojekten zur Entwicklung der Einkommensverteilung in den Staaten der Europäischen Gemeinschaft zu einer breiteren wissenschaftlichen Auseinandersetzung mit diesem Thema[51].

---

[46] Vgl. Ulrich Beck, Risikogesellschaft. Auf dem Weg in eine andere Moderne, Frankfurt a.M. 1986.

[47] Vgl. Stefan Leibfried/Wolfgang Voges, Vom Ende einer Ausgrenzung? Armut und Soziologie, in: dies. (Hrsg.), Armut im modernen Wohlfahrtsstaat, Opladen 1992, S. 9–33; Peter Townsend, Post-1945 Poverty Research and Things to Come, in: Jonathan Bradshaw/Roy Sainsbury (Hrsg.), Re-Searching Poverty, Aldershot u. a. 2000, S. 5–35. Als Problemskizze mit historisch-zeitdiagnostischer Absicht vgl. Paul Nolte, Unsere Klassengesellschaft, in: ders., Generation Reform. Jenseits der blockierten Republik, München 2004, S. 34–45.

[48] Zur Rezeptionsgeschichte vgl. Jonathan Bradshaw/Roy Sainsbury (Hrsg.), Getting the Measure of Poverty. The Early Legacy of Seebohm Rowntree, Aldershot 2000.

[49] Vgl. Brian Abel-Smith/Peter Townsend, The Poor and the Poorest: A New Analysis of the Ministry of Labour's Family Expenditure Surveys of 1953–54 and 1960, London 1966.

[50] Vgl. Unterprivilegiert. Eine Studie über sozial benachteiligte Gruppen in der Bundesrepublik Deutschland, hrsg. von der Spiegel-Redaktion, Neuwied u. a. 1973.

[51] Vgl. Richard Hauser/Helga Cremer-Schäfer/Udo Nouvertné (Hrsg.), Armut, Niedrigeinkommen und Unterversorgung in der Bundesrepublik

Wichtig sind in diesem Zusammenhang auch Unterschiede in der Akteurskonstellation. Durch die Tradition philantropischer Armenhilfe in Großbritannien gab es Anknüpfungspunkte für breite Koalitionen advokatorischer Interessenvertreter, die von den Kirchen und bürgerlichen Vereinen über politisch engagierte Publizisten und Wissenschaftler bis in die Kommunistische Partei hinein reichten. Das bekannteste Beispiel hierfür ist die *Child Poverty Action Group*, die in den 1960er Jahren zeitweise erheblichen Einfluss auf die Armutspolitik gewann[52]. Zudem verstanden sich die *Labour Party* und der Dachverband der britischen Gewerkschaften immer auch als Interessenvertretung der Armen[53]. In der Bundesrepublik hingegen wirkte die Domänenbildung kommunaler Verwaltungsexperten im Deutschen Verein für öffentliche und private Fürsorge lange Zeit entpolitisierend auf die Armutsfrage. Dies ermöglichte es während des Booms einerseits, grundlegende sozialpolitische Reformvorhaben wie das Bundessozialhilfegesetz beinahe unbemerkt von der politischen (und parlamentarischen) Öffentlichkeit auf den Weg zu bringen. Andererseits konnten Arme ihre Interessen oftmals lediglich am Rand von etablierten Vertretungsstrukturen in Parteien und Verbänden eigenständig artikulieren, teilweise auch nur gegen sie, bevor sich das Akteursfeld in den 1980er Jahren öffnete. Eine besondere Rolle spielten hier die Kirchen sowie die Grünen, die dieses Thema durch parlamentarische Anfragen immer wieder auf die politische Tagesordnung brachten, während sich die Arbeitnehmer-Sozialstaatspartei SPD der Armutsthematik nur zögernd öffnete[54]. In Großbritannien bündelte die politische und soziokulturelle Bindung des Armutsthemas an die Klassenfrage solche Interessen und machte sie politisch organisierbar. Dagegen

---

Deutschland, Frankfurt a.M. u.a. 1981; Richard Hauser u.a., Income Poverty in Seven Countries: Initial Estimates from the LIS Database, in: Timothy M. Smeeding/Michael O'Higgins/Lee Rainwater (Hrsg.), Poverty, Inequality and Income Distribution in Comparative Perspective, New York 1990, S. 57–76; Stephan Leibfried u.a., Zeit der Armut. Lebensläufe im Sozialstaat, Frankfurt a.M. 1995.

52 Vgl. Michael McCarthy, Campaigning for the Poor: CPAG and the Politics of Welfare, London u.a. 1986.

53 Vgl. Robert M. Page, Towards a „Red" and Pleasant Land? The Attack on Poverty and the Pursuit of Social Justice in the Attlee Era 1945–51, in: Benefits: The Journal of Poverty and Social Justice 16 (2008), S. 135–145.

54 Vgl. Peter Frings/Franz Schwarte/Ulrich Thien, Arme haben keine Lobby. Caritas-Report zur Armut, Freiburg i.Br. 1987; Deutscher Bundestag, Drucksachen 10/4503 und 10/4504: Große Anfrage der Abgeordneten Bueb, Frau Wagner und der Fraktion Die Grünen: Armut und Sozialhilfe in der Bundesrepublik Deutschland vom 9.12.1985.

blieb Armut in der Bundesrepublik auf einzelne Gruppen an der Peripherie des Wohlfahrtsstaats konzentriert, die kaum miteinander verbunden waren und außer ihrer Armut nur wenig gemeinsam hatten.

Erklärungsbedürftig bleibt, warum die hohe Politisierbarkeit von Armut in Großbritannien nicht stärker in armutsverhindernde Politik mündete. Eine Erklärung könnte bei der diskursiven Verortung von Armut in beiden Ländern ansetzen. Dabei kann man mit Lutz Leisering unterscheiden zwischen stabilen „Armutsbildern", die die politische Bearbeitung von Armut strukturieren, indem sie deren Wahrnehmung mit dem Wertehaushalt und den kognitiven Werkzeugen von Wohlfahrtsstaaten dauerhaft verknüpfen, und kurzfristigen „Themenkarrieren", in denen Armut problematisiert wird[55]. Eine solche Karriere erlebte seit den 1970er Jahren der Rückbezug auf historische Erfahrungen, der – wenn auch unter unterschiedlichen Vorzeichen – in der sozialpolitischen Debatte beider Länder einen wichtigen Platz einnahm.

Als die Bundesrepublik nach der zweiten Ölpreiskrise soziale Ungleichheit als deklassierende „Neue Armut"[56] von Arbeitslosen diskutierte, bei denen die herkömmlichen Sicherungsmechanismen keynesianisch modellierter Sozialstaatlichkeit nicht mehr griffen, nahm die Debatte Bezug auf die Weltwirtschaftskrise der 1930er Jahre. Die Erinnerung an die sozialen und politischen Verwerfungen stabilisierte den wohlfahrtsstaatlichen Konsens und bremste parteiübergreifend die Neigung zum sozialstaatlichen Rückbau. Denn mit der historischen Rückschau verband sich auch die Sorge vor politischer Radikalisierung im Falle tieferer Schnitte ins soziale Netz. In Großbritannien hingegen lösten sich die Konservativen unter Margaret Thatcher vom positiven Sozialstaatsbezug des *post war consensus* und revitalisierten (auch durch Bezüge zur US-amerikanischen Sozialstaatskritik) Denkfiguren, die in der Tradition des viktorianischen *Poor Law* vermeintlich schädliche Effekte wohlfahrtsstaatlicher Unterstützung akzentuierten. Die armutspolitische Auseinandersetzung bekam damit auch eine geschichtspolitische Dimension, die die Nachkriegsentwicklung in Großbritannien auf den Prüfstand stellte. Denn in den Augen neoliberaler Kritiker hatte die wohlfahrtsstaatliche Expansion die britische Wirtschaft überlastet und so zum Niedergang beigetragen, während der *nanny state* die Empfänger sozialer Leistungen zu entmündigen drohte.

---

55 Leisering, Verdrängung, S. 488f.
56 Vgl. Der Spiegel vom 16.7.1984: „Neue Armut. Druck unterm Deckel".

Leistungskürzungen folgten daher nicht nur fiskalischen, sondern immer auch ordnungspolitischen Motiven[57].

Im Hinblick auf die stabilen „Armutsbilder" zeigen Umfragedaten, die seit Mitte der 1970er Jahre im Auftrag der Europäischen Gemeinschaft erhoben wurden, deutliche Unterschiede zwischen beiden Ländern. Eine erste Differenz besteht in der Wahrnehmungssensibilität gegenüber Armut. Trotz der höheren Armutsquote gaben nur 36 Prozent der Briten (aber beinahe jeder zweite Bundesbürger) an, in ihrem Alltag notleidenden Menschen begegnet zu sein. Zweitens nannten bundesdeutsche Befragte überwiegend unverschuldete Faktoren wie Krankheit und gesellschaftlich verursachte Gründe als Armutsursachen. Hingegen deutete jeder zweite Brite gemäß einer säkularisierten Form protestantischer Ethik selbst verantworteter Lebensführung Armut als Resultat von Faulheit und Ergebnis persönlicher Unzulänglichkeiten. Vermutlich kann dies erklären, warum auf Strukturveränderungen angelegte armutspolitische Handlungsstrategien weniger öffentliche Unterstützung erhielten als in der Bundesrepublik. Mit dieser These korrespondiert jedenfalls der Befund, dass nur ein gutes Drittel der Briten, aber nahezu jeder zweite Deutsche die Ansicht vertrat, der Staat solle sich in der Armutsbekämpfung stärker engagieren. Eine dritte Differenz besteht in der zeitlichen Wahrnehmung von Armut. Mehr als die Hälfte der befragten Briten hatte sich an Armut als dauerhafte Erscheinung gewöhnt, während beinahe jeder zweite Bundesdeutsche sie als dynamisches Phänomen der Deklassierung deutete. Möglicherweise kann dies erklären, warum die Armutsthematik in der Bundesrepublik seit Mitte der 1970er Jahre spürbar an Bedeutung gewann[58].

In der Diskussion über die „Neue Armut" reagierte die bundesdeutsche Öffentlichkeit auf zunehmende Segmentierungstendenzen der Erwerbsgesellschaft in den Jahren „nach dem Boom". Dabei ging es nicht nur um die Balancierung sozialpolitischer Struktur-

---

57 Vgl. Winfried Süß, Massenarbeitslosigkeit, Armut und die Krise der sozialen Sicherung. Großbritannien und die Bundesrepublik im Vergleich, in: Thomas Raithel/Thomas Schlemmer (Hrsg.), Die Krise der Arbeitsgesellschaft 1973 bis 1989. Die Bundesrepublik Deutschland im europäischen Kontext, München 2009, S. 55–66, hier S. 65f.

58 Vgl. Vorstellungen und Einstellungen zur Armut in Europa. Bericht über eine Meinungsumfrage, die in den Ländern der Europäischen Gemeinschaften im Rahmen der Modellvorhaben zur Bekämpfung der Armut durchgeführt wurde, Brüssel 1977, S. 75, S. 81f. und S. 87; zur Persistenz dieser Einstellungen vgl. Serge Paugam, Die elementaren Formen der Armut, Hamburg 2008, S. 289–313.

anpassungen vor dem Hintergrund geschrumpfter Verteilungsspielräume, um die sozialen Folgen von Arbeitslosigkeit bei vermindertem Sozialschutz und um empirisch messbare Verarmungsphänomene, über deren Ausmaß sich streiten ließ[59]. Erstmals standen vielmehr konstitutive Elemente der sozialstaatlichen Nachkriegsordnung zur Disposition, so argumentierten jedenfalls die Kritiker der Bundesregierung. Breite öffentliche Resonanz erreichte die Debatte vor allem, weil Reformen der Regierung Kohl Arbeitslose aus den Versicherungssystemen in die Sozialhilfe verwiesen, was das Prinzip der Lebensstandardsicherung zumindest zeitweise schwächte. Insofern ähnelt die Diskussion um die „Neue Armut" der aktuellen Kritik an den Hartz-Reformen, mit dem Unterschied allerdings, dass das christdemokratisch geführte Kabinett letztlich am Prinzip der Lebensstandardsicherung festhielt, während die rot-grüne Bundesregierung die Abkehr von diesem Fundamentalprinzip bundesrepublikanischer Sozialstaatlichkeit durchsetzte, um Sozialhilfeempfänger zur Annahme einer Beschäftigung zu motivieren. Durch die Neuausrichtung der deutschen Mindestsicherung am Prinzip der *workability* sind die Armutspolitiken beider Länder seit 2005 ein gehöriges Stück näher zueinander gerückt[60].

Armutsdebatten griffen nicht nur die krisenhafte ökonomische Entwicklung auf, sondern nahmen auch auf soziostrukturelle Wandlungsprozesse Bezug. Besonders in den Blick kamen dabei Zusammenhänge von Armutsmustern und veränderten Familienformen, demographischer Alterung und Migration. Die britische Debatte über Kinderarmut richtete das Augenmerk auf die zunehmende Pluralisierung der Modelle des Zusammenlebens und die unerwünschten sozialen Folgen sozialpolitischen Handelns, etwa die steigende Zahl langfristig sozialhilfebedürftiger „Problemfamilien"[61]. In der Bundesrepublik griff man das Thema mit anderen Konnotationen auf. Mit dem Polarisierungsbegriff der „Neuen Sozialen Frage"[62] verband der christdemokratische Politiker Heiner Geißler

---

59 Vgl. Wilhelm Adamy/Johannes Steffen, Arbeitslos gleich arm. Ursachen und Lösungsansätze zur Beseitigung der neuen Armut, in: WSI-Mitteilungen 37 (1984), S. 574–581; Münchner Merkur vom 30.1.1985: „Blüm: Die ‚neue Armut' gibt es nicht".

60 Vgl. Rodney Lowe, The Welfare State in Britain since 1945, Basingstoke/New York ³2005, S. 402f.; Stephan Lessenich, Die Neuerfindung des Sozialen. Der Sozialstaat im flexiblen Kapitalismus, Bielefeld 2008.

61 Vgl. John Welshman, From Transmitted Deprivation to Social Exclusion. Policy, Poverty and Parenting, Bristol 2007.

62 Heiner Geißler, Neue Soziale Frage: Zahlen, Daten, Fakten. Dokumentation, Mainz 1975; das folgende Zitat findet sich ebenda, S. 27. Vgl. auch Frank Bösch, Krise als Chance. Die Neuformierung der Christdemokraten in den

die spektakuläre These, es gebe im westdeutschen Wohlfahrtsstaat mehr als sechs Millionen Arme: Seine Armen waren keine Inder, keine „Gammler, Penner und Tippelbrüder", sondern vor allem Kinder in einkommensarmen Familien traditionellen Zuschnitts, Frauen und Alte. Die nervöse Reaktion der sozialliberalen Bundesregierung und die breite Debatte, die sich Mitte der 1970er Jahre um Geißlers Bändchen entzündete, zeigen, dass Armut inzwischen ein beträchtliches Skandalisierungspotential besaß. Ihre Wirkung gewann Geißlers Streitschrift weniger aus der (durchaus bestreitbaren) empirischen Evidenz als aus ihrer Vielschichtigkeit. Gewiss war sie ein Versuch der Union, die sozialpolitische Initiative aus der Opposition heraus zurückzugewinnen. Aber die Thesen des Sozialministers von Rheinland-Pfalz ließen sich auch lesen als Abgesang auf den sozialdemokratischen Arbeitnehmer-Sozialstaat und seine impliziten Privilegierungen, denen die unzureichende Repräsentation von Interessen gegenüberstand, die nicht durch den Konflikt von Kapital und Arbeit organisiert waren. Und sie enthielten schließlich eine hellsichtige Diagnose des sozialstrukturellen Wandels und den Versuch einer konservativen Antwort darauf, die für Geißler nur in einer Stärkung der Familien durch materielle Hilfen und soziale Dienste bestehen konnte.

In den 1980er Jahren gewann die Lage alter Menschen innerhalb der armutspolitischen Diskussion zunehmend an Bedeutung, weil steigende Kosten für die Pflege viele Hochbetagte im letzten Lebensabschnitt zu Klienten der Sozialhilfe machten. Die gemeinsame Finanzierung aus dem Sozialhilfehaushalt verknüpfte die Situation der Pflegebedürftigen politisch mit der Diskussion über die finanziellen Folgen einer wachsenden Zahl von Asylbewerbern, die – obwohl ihnen die Arbeitsaufnahme untersagt war – als sogenannte Wirtschaftsflüchtlinge im Verdacht standen, ohne Berechtigung sozialstaatliche Leistungen in Anspruch zu nehmen. Damit gerieten auch Migranten, deren Einkommenslage als „Gastarbeiter" bislang nur am Rande der Debatten über soziale Ungleichheit verhandelt worden war, ins Zentrum armutspolitischer Auseinandersetzungen. In der zweiten Hälfte der 1980er Jahre entwickelte sich hier eine spezifisch bundesdeutsche Form der aus Großbritannien wohlbekannten Debatte über *deserved* und *undeserved poor*. Um die steigenden Pflegekosten auszugleichen, forderten Kommunen und Landkreise als Träger der Sozialhilfe eine Absicherung des Pflegerisikos. Gleichzeitig drängten sie auf die Minderung der Unterhalts-

siebziger Jahren, in: Konrad Jarausch (Hrsg.), Das Ende der Zuversicht? Die siebziger Jahre als Geschichte, Göttingen 2008, S. 296–309, hier S. 304f.

kosten für Asylbewerber und entwickelten im Rahmen ihres Ermessensspielraums eine erhebliche Phantasie bei der öffentlichkeitswirksamen Diskriminierung dieser Personengruppe[63].

Aufgrund der Migration aus den Ländern des *Commonwealth* war Ethnizität für den britischen *welfare state* weit früher als für den bundesdeutschen Sozialstaat ein wichtiges Thema. Seit den 1970er Jahren geriet der „weiße" Wohlfahrtsstaat Großbritanniens zunehmend in die Kritik, bei formal gleichen Zugangsvoraussetzungen de facto ungleiche Zugangsmöglichkeiten zu den sozialen Diensten und Infrastrukturen bereitzustellen und zudem migrationstypischen Kumulationen von Benachteiligungen nicht energisch genug entgegenzuwirken. Diese Kritik ist trotz früher Gesetzesinitiativen gegen ethnische Diskriminierung wie den *Race Relation Acts* von 1968 und 1976 bis heute nicht verstummt. Die gegenwärtige Debatte kreist allerdings vorrangig um das Problem, wie die Anerkennung kultureller Pluralität und gemeinsame Wertbezüge als notwendige Basis wohlfahrtsstaatlicher Integration zu vermitteln sind[64].

Auch dies zeigt: In den Kontroversen über Armut und soziale Ungleichheit geht es nicht nur um historische Selbstverortungen und gesellschaftlich tief verwurzelte Gerechtigkeitsvorstellungen, sondern immer auch um die Deutung der eigenen Gegenwart. Insofern reden Wohlstandsgesellschaften nicht von den anderen, wenn sie von den Armen sprechen, sondern sie sprechen immer auch über sich selbst.

---

63 Vgl. Die Zeit vom 23.6.1989: „Sie brauchen keine Zeitung. Weniger Geld für Asylbewerber".
64 Vgl. Lowe, Welfare State, S. 43ff.

Wilfried Rudloff

Ungleiche Bildungschancen als sozialpolitische Herausforderung

1. Bildung im Sozialstaat

Dass man das Bildungssystem als Bestandteil des *welfare state* anzusehen hat, ist eine Sichtweise, die dem britischen Sozialstaatsverständnis weitaus vertrauter ist als dem deutschen[1]. Während man sich auf der Insel schon seit längerem daran gewöhnt hat, auch die Bildungspolitik zum Repertoire des Sozialstaats zu zählen, mehren sich in Deutschland erst in jüngerer Zeit die Zeichen für einen entsprechenden Bewusstseinswandel[2]. Wenn die Gewichte des Sozialstaats, wie es derzeit geschieht, von den nachsorgenden zu den vorsorgenden, von den reagierenden zu den aktivierenden und von den kompensatorischen zu den sozialinvestiven Elementen verschoben werden sollen, liegt der Schluss nahe, dass das Bildungswesen näher an die Sozialpolitik heranrücken wird. Der Gedanke ist auch in Deutschland nicht neu. Ralf Dahrendorf ging schon vor vierzig Jahren davon aus, dass in dem Maße, wie an die Stelle der überkommenen „Sozialpolitik der sozialen Immobilisierung" eine notwendige Politik der Mobilisierung und Aktivierung trete, „Bildungspolitik zum Kernstück der Sozialpolitik" aufsteigen müsse[3].

Ob man Dahrendorfs Zuspitzung folgen mag oder nicht: Wird die Bildungspolitik mehr als bisher in das Sozialstaatsverständnis

---

[1] Vgl. Martin Seeleib-Kaiser/Timo Fleckenstein, Learning from Britain? Deutsch- und englischsprachige Sozialpolitiklehrbücher im Vergleich, in: Zeitschrift für Sozialreform 52 (2006), S. 125–134.

[2] Vgl. vor allem Jutta Allmendinger/Stephan Leibfried, Education and the Welfare State: the Four Worlds of Competence Production, in: Journal of European Social Policy 13 (2003), S. 63–81; Michael Opielka, Bildungsreform und Sozialreform. Der Zusammenhang von Bildungs- und Sozialpolitik, in: ders. (Hrsg.), Bildungsreform als Sozialreform. Zum Zusammenhang von Bildungs- und Sozialpolitik, Wiesbaden 2005, S. 127–155.

[3] Ralf Dahrendorf, Es muss wieder Politik gemacht werden, in: ders., Für eine Erneuerung der Demokratie in der Bundesrepublik, München 1968, S. 131–164, hier S. 158; Entwicklungshilfe für die Demokratie (Interview mit Dahrendorf in „Christ und Welt" vom 10.11.1967), in: ebenda, S. 94–99, hier S. 95.

einbezogen, lässt sich als Tendenz erwarten, dass – erstens – neben der retrospektiven Korrektur marktbedingter Verteilungsprozesse das prospektive Element, soziale Chancen zu ermöglichen, größeres Gewicht erlangt, dass – zweitens – neben den Mechanismen sozialer Sicherung die Prozesse sozialer Platzierung stärker ins Bewusstsein rücken, dass – drittens – neben den materiellen Transferleistungen die sozialen Infrastrukturen an Bedeutung gewinnen und dass sich – viertens – die Aufmerksamkeit des Sozialstaats von der alten auf die junge Generation verschiebt. Jedes Mal handelt es sich dabei um Akzentverlagerungen, die an markanten Merkmalen des deutschen Sozialstaats ansetzen.

Umgekehrt liegt es auf der Hand, dass auch das Verständnis von Bildungspolitik von Horizontverschiebungen solcher Art nicht unberührt bleiben kann. Betrachtet man Bildung unter sozialstaatlichen Vorzeichen, zeichnen sich zwei Schwerpunkte ab, die das Funktionsbild der Bildungspolitik bestimmen: die pädagogische Aufgabe der Vermittlung kognitiver Kompetenzen und die gesellschaftspolitische Aufgabe der Verteilung von Lebenschancen. Gerade die internationale Leistungsvergleichsstudie PISA (2000, 2003, 2006) hat diese beiden Grundfunktionen noch einmal vor Augen geführt. Die öffentlichen Debatten und politischen Aktivitäten, die dem neuen Zyklus bildungspolitischer Aufmerksamkeit ihren Stempel aufgedrückt haben, haben aber auch gezeigt, dass die Relation der beiden Brennpunkte zueinander nicht beständig und ihre aktuelle Wertigkeit nicht selbstverständlich ist. Noch deutlicher ist in längerer historischer Perspektive zu erkennen, dass sie sich nicht in einer stabilen Gleichgewichtslage befinden. Besonders die Bewertung der gesellschaftspolitischen Dimension unterliegt starken Schwankungen. Ihr konkreter Stellenwert hängt von vielen Variablen ab; dazu gehören die Leitvorstellungen der Parteien und anderer politischer Akteure sowie die Kräfteverhältnisse zwischen ihnen, der innerhalb der gegebenen institutionellen Arrangements verfügbare Optionsrahmen oder die wandelbaren gesellschaftlichen Diskurse und Deutungskonjunkturen.

So wenig eine sozialpolitisch motivierte Bildungspolitik in Sozialpolitik aufgehen kann, so sehr gilt umgekehrt aber auch, dass selbst eine sozialpolitisch blinde Bildungspolitik große gesellschaftspolitische Wirkung entfaltet. Da unter dem Dach der Bildungseinrichtungen weitreichende, langfristig wirksame und individuell zurechenbare Vorentscheidungen über den Zugang zu wesentlichen Lebens- und Teilhabechancen getroffen werden, bilden diese ein System, in dem soziale Ungleichheit nicht nur generiert wird, sondern auch begründet werden muss, um die Anerkennung des bildungsinstitutionellen Handelns zu gewährleisten[4]. Das Bildungswesen steht in einem dreifachen Verhältnis zur sozialen Ungleichheit: Es produziert sie, indem die erworbenen Bildungspatente Zugang zu unterschiedlichen Statuspositionen eröffnen, und es legitimiert sie, indem das Bildungssystem alle Absolventen einem anerkannten Maßstab zu unterwerfen beansprucht, dem auf Begabung und Lernerfolg zielenden Leistungsprinzip. Schließlich muss es soziale Ungleichheit ständig verarbeiten, denn die Disparitäten sozialer Herkunft fließen als ungleiche Voraussetzungen individueller Sozialisation in das System mit ein. Setzt man voraus, dass Schule überhaupt etwas gegen diese Herkunftseffekte ausrichten kann – schon dies ist nicht unstrittig –, liegt hier der Kern dessen, was als soziales Gerechtigkeitsproblem der Bildungspolitik diskutiert wird. Als sozial gerecht kann demnach ein Bildungssystem nur in dem Maße gelten, wie es Lernangebote schafft, welche die unmittelbare Durchschlagskraft sozialer Herkunftseffekte begrenzen können. Als ungerecht muss es besonders dann gelten, wenn es die sozialen Herkunftseffekte durch die Art der vorhandenen Lerngelegenheiten nicht mildert, sondern verstärkt[5]. Dies ist der anspruchsvolle Maßstab, welcher der schillernden Vokabel der Chancengleichheit zugrunde gelegt werden kann, sobald diesem voraussetzungsreichen und werthaltigen Begriff eine sozialpolitisch gehaltvolle Ordnungsidee zugrunde gelegt werden soll[6]. Realistisch betrachtet, kann ein solcher Gradmesser nur als ein relativer begriffen werden. Da die Ursprünge jener sozialen Disparitäten aus Verhältnissen stammen, die zu guten Teilen außerhalb der Reichweite des Bildungswesens liegen, würde der Anspruch, sie innerhalb des Wirkungskreises der Bildungsinstitutionen ganz oder auch nur weitgehend ausgleichen zu wollen, eine unerreichbare Meßlatte darstellen. In sozialstaatlicher Perspektive lautet die Frage deshalb: Welche institutionellen Arrangements lassen sich finden,

---

[4] Zur Bildung als Bestandteil der „meritokratischen Triade" von Bildung, Beruf und Einkommen, die als eng miteinander verwobene Grunddimensionen und Klassifikationsmedien soziale Ungleichheit bestimmen vgl. Reinhard Kreckel, Politische Soziologie der sozialen Ungleichheit, Frankfurt a.M./New York 1997, S. 94ff.

[5] Vgl. Rolf Becker, Entstehung und Reproduktion dauerhafter Bildungsungleichheit, in: ders. (Hrsg.), Lehrbuch der Bildungssoziologie, Wiesbaden 2009, S. 85–129, hier S. 88.

[6] Vgl. aus der Vielzahl der Diskussionsbeiträge zum Problem der Chancengleichheit hier nur stellvertretend Helmut Heid, Zur Paradoxie der bildungspolitischen Forderung nach Chancengleichheit, in: Zeitschrift für Pädagogik 34 (1988), S. 1–15; James Coleman, The Concept of Equality of Educational Opportunity, in: Harvard Educational Review 38 (1968), S. 7–22.

um herkunftsbedingte Privilegierungen oder Benachteiligungen in der Bildungsbeteiligung möglichst zu begrenzen.

In den 1960er und 1970er Jahren stand ein sozial- und gesellschaftspolitisch aufgeladener Begriff von Bildungspolitik in der Bundesrepublik wie in Großbritannien so hoch im Kurs wie nie zuvor. Georg Pichts Bemerkungen von 1964, die Schule sei „ein sozialpolitischer Direktionsmechanismus, der die soziale Struktur stärker bestimmt als die gesamte Sozialgesetzgebung der letzten fünfzehn Jahre“[7], zählte zu den wenigen Aussagen seiner bildungspolitischen Kampfschrift, die kaum auf Widerspruch stießen. In einem Leitartikel des „Times Educational Supplement“ hieß es 1963: „Once the school was a place of instruction. Now it is also a service point for the welfare state.“[8] In der westlichen Welt wurde Bildungspolitik wie nie zuvor und danach als Instrument begriffen, mit dem sich gesellschaftliche Strukturen verändern ließen, und als Hilfsmittel, das zur Realisierung sozialer Ordnungsvorstellungen eingesetzt werden konnte. Nicht zufällig waren die 1960er und 1970er Jahre in beiden Ländern zugleich auch eine Hochphase sozialdemokratischen Einflusses. Das Ende der hier betrachteten Periode wurde besonders in Großbritannien sichtbar, wo die Regierung Thatcher seit 1979 einen scharfen schulpolitischen Paradigmenwechsel einleitete. In der Bundesrepublik war zwar mit dem Machtwechsel 1982 kein ähnlich markanter Umbruch verbunden. Dass die Zeit groß angelegter Reformen, getragen vom Geist der Gesellschaftsveränderung, zu Ende ging, war in beiden Ländern jedoch schon seit Mitte der 1970er Jahre erkennbar. Das bildungspolitische Pendel begann, in die Gegenrichtung auszuschlagen; die sozial- wie gesellschaftspolitische Dimension von Bildungspolitik trat in Großbritannien und Westdeutschland nun für mehr als zwei Jahrzehnte in den Hintergrund. Für die damit zu Ende gegangene Ära wird von den skizzierten Grundannahmen aus im Folgenden vergleichend gefragt: Vor welchem Diskussions- und Wahrnehmungshorizont (Kapitel 2) wurde zu welchem bildungspolitischen Reforminstrumentarium gegriffen (Kapitel 3)? Welche Bilanz lässt sich für beide Länder am Ende des Untersuchungszeitraums ziehen (Kapitel 4)?

---

7 Georg Picht, Die deutsche Bildungskatastrophe, München ²1965, S. 22.
8 Zit. nach Roy Lowe, Education in the Post-War Years. A Social History, London/New York 1988, S. 106.

2. Ungleichheit und bildungspolitische Verteilungsstrukturen: Der diskursive Rahmen

Fragt man nach den Gründen, warum Bildungs- und Sozialpolitik in England in einen engeren Zusammenhang gerückt wurden als in der Bundesrepublik, so wird für die 1950er Jahre ein wichtiges Erklärungsmoment darin zu suchen sein, dass die bildungspolitischen Fachdebatten dort bereits frühzeitig sozialwissenschaftlich unterfüttert wurden. Zu dieser Zeit beherrschte in der Bundesrepublik noch die Tradition der geisteswissenschaftlichen Pädagogik das Feld, auch wirkte der Gedanke der „pädagogischen Autonomie“ weiter fort. Die britische Bildungssoziologie konnte dagegen an bedeutsame Traditionen aus der Zwischenkriegszeit anknüpfen, und sie gewann in den 1960er Jahren in einem Maße an Gewicht, dass schließlich gesagt werden konnte, „that sociologists achieved a kind of hegemony in their theoretical contributions to the ongoing educational debate“[9]. Indem die sozialwissenschaftliche Forschung wirkungsvoll die sozialen Defizite des Bildungswesens hervorkehrte, machte sie den Raum des Sozialen zum maßgeblichen Bezugspunkt der aufblühenden Reformdebatten.

Anders als in der Bundesrepublik, wo die Vorstellung einer sozial eingeebneten Mittelstandsgesellschaft weite Kreise zog[10], wurden die Debatten in England durch die Interpretationsfigur einer ausgeprägten Klassengesellschaft bestimmt. Die Erfahrungen mit der Umsetzung des *Education Act* von 1944 schienen diese Deutung zu bestätigen – auch wenn sie damit den Absichten des Gesetzes direkt entgegenliefen. Der *Education Act*, ein wesentlicher Baustein der Nachkriegsreformen des *welfare state*, hatte die Schulgebühren für die öffentlichen Sekundarschulen abgeschafft und zugleich vorgeschrieben, dass alle Kinder nach der gemeinsamen *primary school* auf eine weiterführende *secondary school* überwechseln sollten. Es war dies eine alte *Labour*-Forderung aus der Zwischenkriegszeit gewesen. Die inferiore *elementary school*, vom Großteil der weniger privilegierten Schüler besucht, gehörte fortan der Vergangenheit an[11]. Statt dessen war ein dreiteiliges Schulsystem entstanden, dessen Pfeiler *secondary modern school*, *technical school* und *grammar school* im Großen und Ganzen der Gliederung in Hauptschule, Realschule

---

9 Brian Simon, Education and the Social Order 1940–1990, New York 1991, S. 291.

10 Vgl. Paul Nolte, Die Ordnung der deutschen Gesellschaft. Selbstentwurf und Selbstbeschreibung im 20. Jahrhundert, München 2000, S. 318–351.

11 Vgl. Rodney Lowe, The Welfare State in Britain since 1945, Basingstoke 1993, S. 196ff.

und Gymnasium ähnelte, wie sie zur gleichen Zeit in Westdeutschland gegen alliierte und innerdeutsche Reformbestrebungen verteidigt wurde[12].

Die mit dem *Education Act* verbundene Verheißung einer „*secondary education for all*" hatte Erwartungen geweckt, die vielfach uneingelöst bleiben sollten. Die nicht nur von Anhängern von *Labour* gehegte Hoffnung, das Gesetz werde dazu beitragen, die bestehende Ungleichverteilung der Bildungschancen abzubauen, erfüllte sich nur in begrenztem Umfang. Zwar stieg die Bildungsbeteiligung in der Folge kontinuierlich an, doch besuchten 1961 73 Prozent aller Schüler und Schülerinnen im Alter von 13 Jahren in England und Wales eine *secondary modern school*[13] – eine Schulform, die das Image des „*depository of the unsuccessful*" nie ganz abzustreifen vermochte[14]. Maßstab für eine Angleichung der Bildungschancen wurde so einzig der Zugang zur *grammar school.* Unter dieser Prämisse musste man bald erkennen, dass Bildungsexpansion nicht automatisch auch mehr soziale Bildungsgerechtigkeit bedeutete und dass „*greater opportunities*" schon gar nicht unweigerlich „*greater equality*" nach sich zogen. Die empirischen Befunde der britischen Bildungssoziologie ließen bereits in den 1950er Jahren erkennen, dass sich an der ungleichen Bildungsbeteiligung auch nach 1945 nicht allzu viel geändert hatte. Die bekannteste der Untersuchungen jener Jahre, „*Social Class and Educational Opportunity*" von Floud, Halsey und Martin, gelangte 1957 zu dem Ergebnis, dass zwar die absolute Zahl der Arbeiterkinder, welche die *grammar school* besuchten, deutlich gestiegen sei:

> „Nevertheless, the probability that a working-class boy will get to a grammar school is not strikingly different from what it was before 1945, and there are still marked differences in the chances which boys of different social origin have of obtaining a place."[15]

In der Bundesrepublik stand den empirischen Daten, wie sie für England ermittelt worden waren, bis in die 1960er Jahre hinein kaum etwas Vergleichbares gegenüber. Was in den 1950er Jahren an Untersuchungen vorlag, waren vor allem die methodisch fragwürdigen Studien Karl Valentin Müllers, die noch vom Geist einer erb-

---

12 Für die Bundesrepublik zusammenfassend: Hans-Georg Herrlitz u.a., Deutsche Schulgeschichte von 1800 bis zur Gegenwart, Weinheim/München ⁴2005, S. 157ff.

13 Vgl. Simon, Education, S. 214.

14 Zit. nach Gary McCulloch, Failing the Ordinary Child? The Theory and Practice of Working-Class Secondary Education, Buckingham 1998, S. 78.

15 J.E. Floud/A.H. Halsey/F.M. Martin (Hrsg.), Social Class and Educational Opportunity, Bath 1972, S. 142f.

biologischen Determinationslehre geprägt waren und, ganz anders als die britischen Forschungen, von einer sachgerechten „sozialen Siebung“ durch das gegliederte Schulsystem ausgingen. Ungleichheit wurde hier mehr als biologischer denn als sozialer Sachverhalt gedeutet[16]. Die stratifikatorische Wirkung des Bildungssystems erschien als „natürliche“ Gegebenheit und als solche kaum begründungsbedürftig. Noch 1965, ehe die sozialwissenschaftliche Welle in der Bildungsforschung auch die Bundesrepublik erfasste, stellte Ralf Dahrendorf fest, „daß Deutschland unter allen modernen Gesellschaften das Land ist, in dem am wenigsten von der Ungleichheit der sozialen Chancen gesprochen wird, obwohl diese Ungleichheiten hier ausgeprägter sind als andernorts“[17].

Ebenfalls früher, massiver und grundsätzlicher wurden in Großbritannien die Verfahren der Übergangsauslese kritisiert, die im Alter von elf Jahren vorgenommenen *eleven plus*-Prüfungen. Vor allem die standardisierten IQ-Tests, die dabei verwandt wurden, gerieten seit den 1950er Jahren ins Fadenkreuz der Kritik. Psychologische Untersuchungen stellten Prognosesicherheit, Objektivitätsanspruch und soziokulturelle Neutralität der angewandten Tests in Frage. Dass der Übergangserfolg zur *grammar school* überdies weniger von der gemessenen Intelligenz als von den lokal äußerst ungleichen Kapazitäten der *grammar schools* abhing, trug ebenso zum wachsenden Unmut bei wie der Umstand, dass die Schüler als Konsequenz des Auslesesystems schon in der Grundschule in leistungshomogene Gruppen eingeteilt wurden[18]. *Labour* erklärte seit Ende der 1950er Jahre, das Ausleseverfahren ganz abschaffen zu wollen. Nutzen und Nachteil der Übergangsauslese wurden inzwischen auch in der Bundesrepublik diskutiert, hier besonders unter dem Gesichtspunkt, ob die Begabung der Kinder bereits in der vierten Schulkasse hinreichend treffsicher eingeschätzt werden könne. Eingehende Untersuchungen illustrierten den begrenzten Voraussagewert der bundesdeutschen Ausleseverfahren (in der Regel Grundschulgutachten plus Aufnahmeprüfung)[19], wobei im Ver-

---

16 Vgl. zusammenfassend Peter Drewek, Die Begabungsuntersuchungen Albert Huths und Karl Valentin Müllers nach 1945. Zur wissenschaftsgeschichtlichen Bedeutung des konservativen Begabungsbegriffs in der Nachkriegszeit, in: Zeitschrift für Pädagogik 35 (1989), S. 197–217.

17 Ralf Dahrendorf, Arbeiterkinder an deutschen Universitäten, Tübingen 1965, S. 35.

18 Vgl. Michael Sanderson, Educational Opportunity and Social Change in England, London u. a. 1987, S. 47ff.

19 Vgl. Walter Schultze, Über den Voraussagewert der Auslesekriterien für den Schulerfolg am Gymnasium, Frankfurt a.M. 1964.

gleich den englischen IQ-Tests ein höherer Objektivitätsanspruch und größere Validität zugeschrieben werden konnte[20]. Dennoch besaß die Regelung der Übergangsauslese nicht das gleiche Irritationspotential wie in England, wo sie den wichtigsten Angriffspunkt bildete, von dem aus die Legitimität des selektiven Schulsystems in Frage gestellt wurde.

Wie nichts anderes verkörperten in der britischen Diskussion schließlich die Privatschulen den Ungleichheits- und Klassencharakter des Schulwesens – ein Element des Bildungssystems, das in der Bundesrepublik für ungleich weniger erregte Debatten sorgte. Mit Unterschieden in der quantitativen Bedeutung ließ sich die Differenz der Strittigkeit kaum erklären, sie waren eher gering. Entscheidend war, dass den hochexklusiven *public schools* – diese Bezeichnung hatte sich paradoxerweise für die Privatschulen eingebürgert – nicht zu Unrecht der Ruch einer geschlossenen Veranstaltung der *upper class* zum Zwecke der sozialen Selbstrekrutierung anhing. Gegen stattliche Schulgebühren fanden hier Schüler wohlhabender Familien Aufnahme, selbst wenn sie bei *eleven-plus* gescheitert waren, und gewannen so Zugang zu höherer Bildung, karrierefördernden Elite-Netzwerken und gesellschaftlichen Spitzenpositionen[21]. Offizielle Untersuchungsberichte attestierten den Privatschulen, die Klassenspaltung der britischen Gesellschaft zu vertiefen, vielen in der *Labour Party* waren sie daher ein besonderer Dorn im Auge[22].

Insgesamt wurde also die Schule in Großbritannien früher und stärker als eine Institution gedeutet, die soziale Ungleichheitsmuster von Generation zu Generation tradierte und festschrieb. Der Klassenbegriff, der dabei verwandt wurde, war ideologisch weniger belastet und sein Gebrauch weit selbstverständlicher als in der Bundesrepublik, wo er, bedingt durch die Spaltung der politischen Semantik im geteilten Deutschland, vielfach als kontaminiert galt. In der englischen Bildungsdebatte wurde Klasse nicht allein als soziale Struktur, sondern auch als kulturelle Entität interpretiert. Daher galt die soziale Distanz zwischen der Arbeiterklasse und den Bildungseinrichtungen auch als Produkt wechselseitiger kultureller

---

[20] Vgl. Gertrud Nunner-Winkler, Chancengleichheit und individuelle Förderung. Eine Analyse der Ziele und Konsequenzen moderner Bildungspolitik, Stuttgart 1971, S. 59.

[21] Vgl. Gary McCulloch, From Incorporation to Privatisation: Public and Private Secondary Education in Twentieth-Century England, in: Richard Aldrich (Hrsg.), Public or Private Education? Lessons from History, London/Portland 2004, S. 53–72.

[22] Vgl. Simon, Education, S. 324.

Fremdheit[23]. Vor dem Hintergrund solcher Selbstbeschreibungen ließ sich die Ungleichheit im Bildungswesen als Problem sozialer Verteilungsgerechtigkeit interpretieren, so dass die Verteilungsregeln, also das Auslesesystem, und ebenso die Verteilungsergebnisse, das heißt die sozialen Chancenstrukturen, mit dem Argument angefochten wurden, sie seien weder unter Bedarfs- noch unter Leistungsgesichtspunkten gerecht.

Die Eigendynamik des auf Bildungserwerb hin orientierten Aufstiegsstrebens weiter Bevölkerungskreise stieß im Vereinigten Königreich auf ein Schulsystem, dessen Absorptionsfähigkeit auf der einen Seite höher war als die des bundesdeutschen Schulwesens. Die *grammar school* nahm Anfang der 1960er Jahre einen größeren Anteil der Schüler auf als das westdeutsche Gymnasium: 1961 gingen knapp 20 Prozent der 13jährigen in England und Wales auf eine *grammar school*, in der Bundesrepublik besuchten ein Jahr später 15 Prozent ein Gymnasium; dabei war der Arbeiteranteil in den britischen *grammar schools* deutlich höher als beim deutschen Gegenstück[24]. Andererseits jedoch vermochte die *technical school* als mittlere Alternative nicht entfernt die Attraktivität der deutschen Realschule zu gewinnen, deren Äquivalent sie der Idee nach hätte sein sollen. Während die *technical schools* 1964 nur drei Prozent der Schülerschaft absorbierten[25], in ihrem Ausbau stark vernachlässigt wurden und in der Folge mehr und mehr ausdünnten, expandierten die Realschulen beachtlich und wurden zur eigentlichen Aufstiegsschule für Kinder aus den unteren Schichten. In vergleichender Perspektive lag auch darin ein Grund dafür, dass das gegliederte System in England stärker unter Druck geriet als in der Bundesrepublik.

Die unterschiedliche diskursive Rahmung der Bildungspolitik in beiden Ländern ließ unterschiedliche politische Optionshorizonte entstehen. Während dem konservativen Erziehungsminister Edward Boyle Ende der 1950er Jahre bewusst war, dass eine durchgreifende Reorganisation des schulischen Auslesesystems auf der Tagesord-

[23] Vgl. Ken Jones, Education in Britain. 1944 to the Present, Cambridge 2003, S. 57ff.

[24] Vgl. Simon, Education, S. 214; Helmut Köhler/Gerhard Schreier, Statistische Grunddaten zum Bildungswesen, in: Vergleich von Bildung und Erziehung in der Bundesrepublik Deutschland und in der Deutschen Demokratischen Republik, Köln 1990, S. 112–155, hier S. 136 (Materialien zur Lage der Nation).

[25] Vgl. Annegret Körner, Die englische Comprehensive School. Entwicklung und Gestalt 1944–1970, Bad Heilbrunn 1973, S. 45.

nung stand[26], konnte zu dieser Zeit in der Bundesrepublik selbst noch der Vorschlag einer strukturkonservativ eingebetteten Förderstufe, wie sie der Deutsche Ausschuss für das Erziehungs- und Bildungswesen entworfen hatte, vehemente Gegenreaktionen im konservativen Lager hervorrufen[27]. Auf der politischen Gegenseite hatte Anthony Croslands „*The Future of Socialism*", ein Meilenstein revisionistischer Theoriebildung, den britischen Sozialisten 1956 eine politische Strategie jenseits der alten Verstaatlichungsmaxime angeraten, bei der bildungspolitische Reformen eine zentrale Rolle spielten. Um die starren Klassenlinien aufzuweichen und das sozialistische Leitziel *social equality* zu verwirklichen, erschien Crosland nichts so geeignet wie die seit 1952 zur programmatischen Forderung der Partei erhobene *comprehensive school*[28]. Die deutschen Sozialdemokraten, der britischen Schwesterpartei bei der Revision ihres Programms ansonsten voraus, ihr an Egalisierungselan indes unterlegen, brauchten länger, um in der Bildungspolitik auf einen ähnlichen Kurs umzuschwenken. Zwar gelang es der SPD seit Ende der 1950er Jahre zunehmend, sich das Image einer Bildungsreformpartei anzueignen. Aber erst seit Mitte der 1960er Jahre bekannte sie sich, wenn auch zunächst nur sehr vorsichtig, dazu, den verheißenen „Aufstieg durch Bildung" nicht mehr wie bisher im Rahmen eines vertikal gegliederten Schulwesens ermöglichen zu wollen, sondern dessen Umbau in ein horizontal verfasstes Schulsystem anzustreben.

3. Bildungspolitik als Sozialpolitik und Gesellschaftsreform

Die gesellschaftspolitische Aufladung der Bildungspolitik erfolgte in der Bundesrepublik und in Großbritannien mithin zeitverschoben, und sie reflektierte die herrschenden Muster gesellschaftlicher Selbstbeschreibung. Vergleicht man nun, wie die skizzierten Diskursentwicklungen in politische Strategien umgemünzt wurden, so liegt gleichwohl der große Unterschied zwischen beiden Ländern – und damit der Erklärungsbedarf – weniger in der Programmatik als in ihrer Umsetzung. Gegen Ende der 1960er Jahre rangierte beiderseits des Kanals die Gesamtschule ganz oben auf

[26] Vgl. David Crook/Edward Boyle, Conservative Champion of Comprehensives?, in: History of Education 22 (1993), S. 49–62.
[27] Vgl. Alfons O. Schorb, Für und wider den Rahmenplan, Stuttgart 1960.
[28] Vgl. Anthony Crosland, The Future of Socialism, London 1994, S. 258–277 (erstmals veröffentlicht 1956).

der Prioritätenskala sozialdemokratischer Bildungsprogrammatik – ein Projekt, das auf den zahllosen Großbaustellen der Bildungspolitik quer durch Europa alles andere zu überragen schien, zugleich das Reformvorhaben, das den gesellschaftspolitischen Schub der Bildungspolitik am sinnfälligsten verkörperte. Die Bildungspolitiker der *Labour Party* in Bristol zum Beispiel erwarteten schon in den frühen 1950er Jahren in charakteristischer Klassen-Semantik, dass es den *comprehensives* gelingen werde, „[to] transform the educational system [...] from an instrument perpetuating class distinctions into an instrument for promoting social unity“[29].

Die *Labour*-Regierung der frühen Nachkriegsjahre hatte allerdings kaum etwas unternommen, was das dreigliedrige Schulsystem in Frage hätte stellen können. Dennoch hatte die Entwicklung zur *comprehensive school*, von lokalen Initiativen ausgehend, in Großbritannien weitaus früher eingesetzt als in Westdeutschland. In London, wo zwischen 1946 und 1949 versuchsweise die ersten acht Gesamtschulen errichtet worden waren, bestanden 1961 bereits 59, die von mehr als der Hälfte der Schülerschaft der Sekundarstufe besucht wurden[30]. Während sich die Gesamtschule in der Bundesrepublik nicht durchzusetzen vermochte, schritt in Großbritannien der Siegeszug der *comprehensives* unaufhaltsam voran. 1980 besuchten 81 Prozent der Schüler der Sekundarstufe *comprehensive schools*, in der Bundesrepublik waren es unter den 13jährigen nur vier Prozent, nicht mehr als zwanzig Jahre zuvor in Großbritannien[31].

Die britischen Gesamtschulen besaßen in ihrem integrativen Grundansatz Strukturanalogien zu den universalistischen, am Bürgerstatus anknüpfenden Konstitutionselementen des *National Health Service* und der britischen Sozialversicherung. Insofern kann man sie als bildungspolitisches Pendant zum Umbau des britischen Sozialstaats nach 1945 begreifen. Um die Durchschlagskraft dieses Konzepts zu erklären, ist dieser Hinweis jedoch zu abstrakt; die Ursachen lagen nicht in theoretischen Homologien, sondern in politischen Rahmendaten und Grundkonstellationen.

---

[29] Zit. nach David Crook, Local Authorities and Comprehensivization in England and Wales, 1944–1974, in: Oxford Review of Education 28 (2002), S. 247–260, hier S. 254.

[30] Vgl. Stuart MacIure, A History of Education in London 1870–1990, London 1990, S. 170–180.

[31] Vgl. Horst Weishaupt u. a., Perspektiven des Bildungswesens der Bundesrepublik Deutschland, Baden-Baden 1988, S. 281; I.G.K. Fenwick, The Comprehensive School 1944–70. The Politics of Secondary School Reorganisation, London 1976, S. 148; Beverley Shaw, Comprehensive Schooling: the Impossible Dream?, Oxford 1983, S. 7.

Im Verfassungsgefüge der Bundesrepublik befand sich das bildungspolitische Machtzentrum in den Ländern, deren Abstimmungsmechanismen eine Politik des kleinsten gemeinsamen Nenners förderten. Einschneidende Politikwechsel wurden hier durch horizontale und vertikale Verflechtungen behindert. Das englische Bildungssystem wurde zentralstaatlich gesteuert, ließ der lokalen Ebene jedoch weit reichende Spielräume zu strukturpolitischer Initiative und curricularer Gestaltung. Die entscheidenden Kämpfe um die Gesamtschulen wurden so vor allem vor Ort ausgefochten[32]. Auf der lokalen wie der zentralen Ebene aber war Mitte der 1960er Jahre *Labour* die dominierende Kraft[33]. Der nachhaltige Prozess der *comprehensivization* von unten, der seit *Labours* Wahlsieg 1964 durch die neue Regierung weiter forciert wurde, ließ sich selbst in den Jahren des konservativen Zwischenspiels von 1970 bis 1974 nicht stoppen, als Margaret Thatcher das Amt der Erziehungsministerin innehatte. Unter Thatcher wurde zwar manches Vorhaben verhindert, gleichzeitig wurden jedoch mehr Gesamtschulen neu gegründet und mehr *grammar schools* abgeschafft als jemals vorher oder nachher[34]. Dabei waren es keineswegs nur von *Labour* dominierte Verwaltungen, die sich am Ausbau der *comprehensives* beteiligten[35].

In den westdeutschen Bundesländern liefen seit den 1960er Jahren Schulversuche mit integrativen oder additiven Gesamtschulen an. In Berlin hatten erste Planungen für integrierte Gesamtschulen in den frühen 1960er Jahren eingesetzt, vor allem Hessen folgte dann einige Jahre später nach. Dass in der DDR inzwischen die „Einheitsschule" eingeführt worden war, erschwerte die Durchsetzung der Gesamtschule. Als die Kultusministerkonferenz 1969 bundesweit wissenschaftlich begleitete Modellversuche zur Gesamtschule startete – als Regelschule war die Gesamtschule nicht anerkannt –, handelte es sich, jedenfalls für die unionsregierten Länder, eher um eine Spielform dilatorischer Politik im Zeichen der Zwänge des bundesdeutschen Kulturföderalismus. Und als dann nach Jahren die – widersprüchlichen – Ergebnisse der Begleituntersuchungen endlich vorlagen, hatten die Finanzprobleme und die parteipolitische Polarisierung alle Ansätze zu einer konsensorientierten Politik verdrängt; das günstige Zeitfenster für eine Strukturreform hatte

32 Vgl. Crook, Local Authorities.

33 Vgl. vor allem Alan Kerkhoff u.a., Going Comprehensive in England and Wales. A Study of Uneven Change, London/Portland 1996.

34 Vgl. Christopher Knight, The Making of Tory Education Policy in Post-War Britain 1950–1986, London u.a. 1990, S. 107, Anm. 61.

35 Vgl. Kerkhoff u.a., Going Comprehensive, S. 164ff. und S. 180.

sich wieder geschlossen. Wo Bundesländer wie Hessen und Nordrhein-Westfalen in der Zwischenzeit versucht hatten, die Gesamtschule durchzusetzen, waren sie nicht zuletzt vom starken Gegenwind aus der Eltern- und Lehrerschaft gestoppt worden[36].

Sieht man genauer hin, verliert das Bild jedoch etwas von seinen kontrastierenden Konturen. Denn unter dem weiten Mantel der *comprehensives* bestanden lokal sehr unterschiedliche Organisationsmodelle, die in vielen Fällen darauf hinausliefen, wesentliche Züge des bisherigen Schulsystems abgeschwächt fortbestehen zu lassen. Auf solche Weise blieben dann auch, wiewohl weniger deutlich, die vormaligen Selektionsmechanismen weiter bestehen, sei es, weil die neben den *comprehensives* existierenden *grammar schools* die leistungsstärkeren Schüler abschöpften, sei es, weil die neuen Gesamtschulen auf ähnliche Weise leistungshomogene Niveaugruppen institutionalisierten wie zuvor die drei getrennten Schultypen[37].

Die *comprehensives* blieben nicht das einzige Instrument einer gesellschaftspolitisch interpretierten Bildungspolitik in Großbritannien. Einen Politikansatz, der das Ungleichheitsproblem auf andere Weise anging, stellte das *Educational Priority Areas*-Programm dar. Es markierte den Scheitelpunkt einer Epoche sozial- und gesellschaftspolitisch motivierter Bildungspolitik[38]. Das Ende der 1960er Jahre aufgelegte Programm schrieb sich, angelehnt an amerikanische Projekte kompensatorischer Erziehung, den Grundsatz der „positiven Diskriminierung“ auf die Fahnen. Der sozialpolitische Fluchtpunkt verschob sich von dem Konzept der *equality of access* zu dem egalitäreren einer *equalitiy of outcome*[39]. Der liberale Kern des Gleichheitskonzepts wurde wohlfahrtsstaatlich überformt, Bildung damit zum Gegenstand von Umverteilung. Die Initiatoren des Projekts dachten in den Kategorien einer sozialräumlichen Ökologie familiärer Deprivationsbedingungen. Schulen aus Regionen mit hohem Anteil benachteiligter Kinder sollten durch ein Bündel von Fördermaß-

---

36 Vgl. Gesine Bühlow u.a., Gesamtschule zwischen Schulversuch und Strukturreform, Weinheim/Basel 1972; Jürgen Baumert/Jürgen Raschert, Gesamtschule, in: Ernst-Günter Skiba u.a. (Hrsg.), Enzyklopädie Erziehungswissenschaft, Bd. 8: Erziehung im Jugendalter – Sekundarstufe I, Stuttgart [2]1993, S. 228–269.

37 Vgl. Heinz Stübig, Aspekte der englischen Sekundarschulreform. Leistungsdifferenzierung, Fächerangebot und Curriculumplanung, München 1983, S. 23–35.

38 Vgl. Harold Silver/Pamela Silver, An Educational War on Poverty. American and British Policy-Making 1960–1980, Cambridge u.a. 1991; Philip Robinson, Education and Poverty, London 1976, S. 50ff. und S. 79ff.

39 Vgl. A.H. Halsey, Educational Priority, Bd. 1: E.P.A. Problems and Policies, London 1972, inbesondere S. 8.

nahmen gezielt unterstützt werden, um deren negative Startbedingungen auszugleichen. Die Perspektive der Ungleichheit lag nicht mehr nur in den Gelegenheitsstrukturen des Lernens, dem Bauplan des Bildungssystems begründet, sondern mindestens ebenso sehr in den Defiziten familiärer Sozialisation, den Lernvoraussetzungen. Dem Programm war keine lange Lebensdauer beschieden. Sein baldiges Versickern war nicht zuletzt wachsenden Zweifeln daran geschuldet, ob es denn sinnvoll und überhaupt möglich war, die vielfältigen Basisprobleme, die sich in den sozialen Brennpunkten überlagerten und vereinten, primär mit den Instrumenten der Bildungspolitik anzugehen.

Was sich hier ankündigte, war ein Wandel der Paradigmen: Mitte der 1970er Jahre wich die vormalige Zuversicht bildungspolitischen *social engineerings* allmählich wachsender Skepsis. Die Idee, Schule sei sowohl Medium sozialer Problemlösung als auch Motor gezielten sozialen Wandels, begann an Überzeugungskraft zu verlieren. Konservative Kritiker erhoben vernehmlicher als zuvor ihre Stimme gegen die als soziale Umverteilungsstrategie verstandene Gleichheitspolitik. Der „Daily Telegraph" beschrieb die Strategie der „positiven Diskriminierung" als

> „merely another expression of contemporary dogma, the view that at every point the interest of those who have shown themselves capable of benefiting from education should be subordinated to those who show no wish to receive it"[40].

Immerhin, ein in Ansatz und Stellenwert vergleichbares Unternehmen lässt sich in den Jahren des Bildungsbooms für die Bundesrepublik nicht ausfindig machen. Bedenkt man die ganze Spannweite möglicher Anknüpfungspunkte einer gesellschaftspolitisch motivierten Bildungsreform, fällt auf, wie nachrangig hier im Schatten des Gesamtschulthemas andere Vorhaben blieben, die sich gesellschaftspolitische Ziele aufs Panier geschrieben hatten – von der vorschulischen Erziehung über die Ganztagsschule bis hin zur Weiterbildung. Wie sehr es hier meist bei Absichtserklärungen blieb, lässt sich am besten für die Ganztagsschule illustrieren. Während man in England bereits seit dem 19. Jahrhundert ganztägig in die Schule ging, hatte sich die deutsche Schule von einer Ganz- zu einer Halbtagsschule entwickelt[41]. In der Ära des Bildungsbooms neu zur Debatte gestellt wurde die ganztägige Schule vom Deutschen

---

40 Zit. nach Maurice Kogan/Tim Packwood, Advisory Councils and Committees in Education, London/Boston 1974, S. 73f.

41 Vgl. Karin Gottschall/Karen Hagemann, Die Halbtagsschule in Deutschland – ein Sonderfall in Europa, in: APuZ B 41 (2002), S. 12–22.

Bildungsrat, der 1968 ein Versuchsprogramm auch für die Ganztagsschule lancierte. An den Halbtagsschulen wurde kritisiert, dass sie die herkunftsbedingten Unterschiede der Kinder nicht hinreichend ausgleichen könnten, von der Ganztagsschule erwartet, dass sie aufgrund größerer Förderungsmöglichkeiten Defizite von Kindern aus bildungsfernen Milieus auszugleichen vermochte[42]. Der 1973 verabschiedete Bildungsgesamtplan forderte immerhin, den Anteil der Ganztagsschüler an den Vollzeitschülern bis 1985 auf 15 bis 30 Prozent zu erhöhen; in einem ersten Entwurf war gar ein Anteil von nicht weniger als 60 Prozent vorgesehen gewesen[43]. Gleichwohl blieb der Ausbau auch hinter den 1973 beschlossenen Werten noch dramatisch zurück: Ende der 1980er Jahre besuchten nicht mehr als vier Prozent aller Schülerinnen und Schüler Ganztagsschulen[44]. Die Bildungs- und Finanzpolitiker hatten vor den Mehrkosten kapituliert. Wo es zu einem gesellschaftspolitisch motivierten Ausbau von Bildungsbereichen kam, war zudem keineswegs sicher, dass auch die gewünschten sozialpolitischen Effekte eintraten. So stand dem Ausbau der Weiterbildungsangebote in der Bundesrepublik ein Nutzungsverhalten gegenüber, das nach der „Bildungspolitischen Zwischenbilanz“ der Bundesregierung aus dem Jahr 1976 „oft eher Beiträge zur Verstärkung als zum Abbau von Status- und Bildungsunterschieden“ leistete. Die Teilnehmer hatten vornehmlich mittlere und höhere Bildungsgänge absolviert oder gehörten entsprechenden Statusgruppen an, während Angehörige der unteren sozialen Schichten nur in sehr begrenztem Umfang an den Weiterbildungsangeboten partizipierten[45].

So wie sich auf der Insel noch vor dem Machtwechsel 1979 eine Gegenbewegung zu den sozialen Egalisierungsbestrebungen in der Schulpolitik ankündigte, verlor auch die sozialwissenschaftlich-sozialdemokratische Reformkoalition in der Bundesrepublik bereits in den 1970er Jahren die Agenda- und Diskurshoheit. In Großbritannien setzte das Erscheinen der sogenannten *Black Papers* (seit

---

[42] Vgl. Einrichtung von Schulversuchen mit Ganztagsschulen, in: Deutscher Bildungsrat. Empfehlungen der Bildungskommission 1967–1969, Stuttgart 1970, S. 43–68, hier S. 50 und S. 53.

[43] BAK, B 251/1162, BLK, Bildungsgesamtplan (1973), Bd. 1, S. 28; BLK-Geschäftsstelle, Erster Entwurf für den Bildungsgesamtplan und ein Bildungsbudget vom 9.2.1971.

[44] Vgl. Wolfgang Böttcher, Schule und Unterricht, in: ders./Klaus Klemm (Hrsg.), Bildung in Zahlen. Statistisches Handbuch zu Daten und Trends im Bildungsbereich, Weinheim/München 1995, S. 40–62, hier S. 54.

[45] Vgl. Bundesministerium für Bildung und Wissenschaft: Bildungspolitische Zwischenbilanz, Bonn 1976, S. 40.

1969) ein erstes Signal für den bildungspolitischen Umschwung. Die Kampfschriften aus der Feder konservativer Publizisten, Wissenschaftler und Politiker waren ein Frontalangriff auf all das, was sich mit sozialistischem *egalitarianism* und reformpädagogischem *progressivism* in Verbindung bringen ließ – auf die soziologische Milieutheorie, den optimistischen Begabungsbegriff und die kindzentrierte Didaktik, auf curriculare Beliebigkeit, schulische Disziplinprobleme und sinkendes Leistungsniveau, auf die Priorität von Gleichheit vor Exzellenz und den Vorrang von Nivellierung vor Differenzierung[46]. Auch die bundesdeutsche Bildungspolitik kehrte, bisweilen von ähnlich hitzigen Debatten begleitet, den Auseinandersetzungen über die äußere Schulstruktur zunehmend den Rücken. Mit der Zeit erwachte statt dessen ein neues Interesse an der inneren Schulkultur, der Qualität der Lernbedingungen in den einzelnen Schulen. Die für anderthalb Jahrzehnte so hochrangige Frage, welche institutionellen Arrangements den Abbau der ungleichen Bildungschancen zu fördern versprachen, büßte erheblich an Stellenwert ein. Die Bildungspolitik verlor so ihr gesellschaftspolitisches Profil.

4. Folgen, Erfolge und Folgerungen

Damit ist die Frage nach dem sozialpolitischen Ertrag von Bildungsexpansion und Bildungsreform aufgeworfen. In der Bundesrepublik wie in England war es in den 1960er und 1970er Jahren zu einer bislang beispiellosen Ausdehnung der Bildungsbeteiligung gekommen – im einen Fall in den Bahnen des bestehenden Schulsystems, im anderen parallel zu dessen äußerer Umstrukturierung. So unterschiedlich die Reformpfade auch verliefen: Auf beiden Seiten des Kanals herrschte schon bald die Meinung vor, dass im Zuge der Bildungsexpansion die ungleichen Bildungschancen der Geschlechter in hohem Maße ausgeglichen wurden, der Zusammenhang von sozialer Herkunft und Bildungskarrieren sich jedoch als außerordentlich zählebig erwiesen hatte. Das Bildungsniveau hatte sich insgesamt zwar beträchtlich gehoben – ein Prozess, von dem sehr wohl auch die unteren Schichten profitierten. Aber Niveaueffekte bedeuten nicht schon Struktureffekte. Die für den Zusammenhang von Bildungsexpansion und Bildungsbeteiligung in England getroffene Beobachtung, „that social reform may be rather better at changing totals than at changing relatives“, galt so für beide Länder[47].

---

46 Vgl. C.B. Cox/A.E. Dyson (Hrsg.), The Black Papers on Education, London 1971; Knight, Making, S. 42ff.

47 Anthony Heath/Colin Mills/Jane Roberts, Towards Meritocracy? Recent Evidence on an Old Problem, in: Colin Crouch/Anthony Heath (Hrsg.),

Immerhin, auch wenn der enge Nexus zwischen sozialer Herkunft und Bildungsabschlüssen nicht durchbrochen wurde, sind neuere und methodisch komplexere Untersuchungen für die Bundesrepublik doch zu dem Ergebnis gelangt, dass sich die Abhängigkeit der Bildungsbeteiligung von den sozialen Herkunftsbedingungen im Zuge der Bildungsexpansion zumindest abgeschwächt hat[48]. Das gilt vornehmlich für die erste schulische Selektions- und Verteilungsstufe, für die Bildungsverläufe bis zu den 1970er Jahren und insbesondere für den Zugang zur mittleren Schulbildung. Der Grundbefund einer herkunftsbedingt hohen Ungleichheit der Bildungsbeteiligung wird durch diese Forschungsergebnisse jedoch nur in Nuancen korrigiert[49]. Auch 1980 besaßen Beamtenkinder noch immer eine zwölf Mal bessere Chance als Arbeiterkinder, an einer Universität zu studieren, 2000 sogar eine fünfzehn Mal bessere Chance[50]. Ähnlich bestätigen Analysen auch für Großbritannien, dass sich insgesamt zwar die sozialen Ungleichheitsmuster der Bildungsbeteiligung etwas verringert haben, gleichwohl aber prägnant geblieben sind[51]. Beiden Ländern gemein war überdies eine, gemessen an den Bildungsabschlüssen, begrenzte intergenerationelle Mobilität. Die relativen Bildungschancen von Kindern mit niedrigem familiärem Bildungshintergrund haben sich in der Bundesrepublik seit den 1970er Jahren nicht mehr verbessert[52].

Social Research and Social Reform. Essays in Honour of A.H. Halsey, Oxford 1992, S. 217–243, hier S. 240; vgl. auch den vergleichenden Überblick von Colin Crouch, Social Change in Western Europe, Oxford/New York 1999, Kapitel 8.

48 Vgl. Rainer Geißler, Soziale Schichtung und Bildungschancen, in: ders. (Hrsg.), Soziale Schichtung und Lebenschancen in der Bundesrepublik Deutschland, Stuttgart 1987, S. 79–110; Anthony Heath, Education Since 1945, in: Jonathan Hollowell (Hrsg.), Britain Since 1945, Malden u.a. 2003, S. 296–312.

49 Vgl. Walter Müller/Dietmar Haun, Bildungsungleichheit im sozialen Wandel, in: KZfSS 46 (1994), S. 1–42; Walter Müller/Reinhard Pollak, Weshalb gibt es so wenige Arbeiterkinder in Deutschlands Universitäten?, in: Rolf Becker/Wolfgang Lauterbach (Hrsg.), Bildung als Privileg. Erklärungen und Befunde zu den Ursachen der Bildungsungleichheit, Wiesbaden ²2007, S. 303–342; Ursula Henz/Ineke Maas, Chancengleichheit durch die Bildungsexpansion, in: KZfSS 47 (1995), S. 605–633.

50 Vgl. Becker, Entstehung, in: ders. (Hrsg.), Lehrbuch, S. 98.

51 Vgl. Jan O. Jonsson/Colin Mills, Social Class and Educational Attainment in Historical Perspective: a Swedish-English Comparison, in: British Journal of Sociology 44 (1993), S. 213–247 und S. 403–428.

52 Vgl. Regina T. Riphahn, Intergenerational Transmission of Educational Attainment in Germany. The Last Five Decades, in: Journal of Economics and Statistics 229 (2009), S. 36–60.

All dies bedeutet jedoch nicht, dass zwischen beiden Ländern in puncto sozialer Bildungsungleichheit keine bedeutsamen Unterschiede bestanden hätten. Schon das Ausmaß der Ungleichheit war nicht dasselbe. So konnte für die Kohorte der zwischen 1950 und 1959 Geborenen – Jahrgänge, die zu guten Teilen am frühen Bildungsboom partizipierten – festgestellt werden, dass der Zusammenhang zwischen sozialer Herkunft und Bildungsbeteiligung in England schwächer ausgeprägt war als in der Bundesrepublik[53]. Auch andere Daten bestätigen diese Beobachtung. Nach Berechnungen der OECD lag der Anteil der Arbeiterkinder an den Studierenden 1974 in England erheblich höher als in der Bundesrepublik[54]. Ebenso darf in vergleichender Perspektive nicht außer Acht bleiben, dass Bildungszertifikate die beruflichen Chancen in England weniger massiv bestimmen als in der Bundesrepublik, wo sich der Zusammenhang zwischen Bildungstiteln, sozialer Platzierung und Arbeitsmarktchancen enger gestaltet[55]. Für die sozialen Chancenstrukturen in beiden Ländern fiel andererseits ins Gewicht, dass das deutsche Bildungssystem einen wesentlich höheren Ausstoß an mittleren Qualifikationen und insbesondere ein deutliches Plus in der beruflichen Ausbildung vorweisen konnte[56]. Schließlich wurden in England, trotz vieler fortbestehender Probleme, in der Frage der Bildungsbeteiligung von Migrantenkindern größere Fortschritte erzielt. So erlangte in der Kohorte der zwischen 1960 und 1969 Geborenen, der zweiten britischen Migrantengeneration, ein größerer Anteil der Kinder von indischen und pakistanischen Einwanderern einen Universitätsabschluss als dies unter den in Großbritannien geborenen Weißen der Fall war[57]. In der Bundes-

---

53 Vgl. Jan O. Jonsson/Colin Mills/Walter Müller, A Half Century of Increasing Educational Openess? Social Class, Gender and Educational Attainment in Sweden, Germany and Britain, in: Robert Erikson/Jan O. Jonsson (Hrsg.), Can Education be Equalized? The Swedish Case in Comparative Perspective, Boulder (Colorado) 1996, S. 183–206, hier S. 198f. und S. 204.

54 Vgl. Heinz Stübig, Bildungswesen, Chancengleichheit und Beschäftigungssystem. Vergleichende Daten und Analysen zur Bildungspolitik in England, München 1980, S. 211.

55 Vgl. Anthony Heath/Sin Yi Cheung, Education and Occupation in Britain, und Walter Müller/Susanne Steinmann/Renate Ell, Education and Labour-Market Entry in Germany, beide Beiträge in: Yossi Shavit/Walter Müller (Hrsg.), From School to Work. A Comparative Study of Educational Qualifications and Occupational Destinations, Oxford 2003, S. 71–101 und S. 143–188.

56 Vgl. Karin Wagner, Die Beziehung zwischen Bildung, Beschäftigung und Produktivität und ihre bildungs- und beschäftigungspolitische Bedeutung. Ein deutsch-englischer Vergleich, Berlin 1986.

57 Vgl. Heath, Education, in: Hollowell (Hrsg.), Britain, S. 309; vgl. auch Oliver Walter/Päivi Taskinen, Kompetenzen und bildungsrelevante Einstel-

republik, mit ihrer nach Ethnien wie nach sozialökonomischem Status anders zusammengesetzten Migrantenbevölkerung, sind, gemessen an der durchschnittlichen Bildungsbeteiligung der deutschen Mitschüler, die Defizite der Migrantenkinder deutlich größer, ja im Bildungserfolg scheint sich die Kluft zu den Einheimischen, einer Auswertung der Mikrozensusdaten zufolge, in der zweiten Generation eher noch vergrößert zu haben[58].

PISA 2000 hat beiden Ländern das Zeugnis ausgestellt, dass ihre Schulsysteme international zu denjenigen zählen, in deren Rahmen das von den Schülern erreichte Kompetenzniveau am stärksten zwischen den sozialen Herkunftsgruppen differiert[59]. Im Unterschied zum deutschen System, dem PISA 2000 zugleich beträchtliche Defizite bei den durchschnittlich erreichten Kompetenzen bescheinigte, schnitt das englische unter Leistungsgesichtspunkten allerdings vergleichsweise gut ab. Beide Befunde könnten für Großbritannien überraschend erscheinen, bedenkt man, dass das britische Schulsystem in den Jahrzehnten des Bildungsbooms eine tiefgreifende, gesellschaftspolitisch motivierte, auf mehr Gleichheit hin ausgerichtete Strukturreform durchlaufen hatte, und vergegenwärtigt man sich zudem, dass die englischen Schulen gleichzeitig im Hinblick auf den Kenntnisstand ihrer Absolventen einer immer stärkeren Kritik ausgesetzt gewesen waren. Manches Verdikt, das noch in den 1980er Jahren über das als unzureichend angesehene Wissen der britischen Schüler gefällt wurde, nährte sich aus einer – oft oberflächlichen – Kontrastierung mit dem bundesdeutschen Modell[60]. Was die äußere Strukturreform angeht, ist hier freilich zu berücksichtigen, dass die *comprehensive schools* die Auslese zwar

---

lungen von Jugendlichen mit Migrationshintergrund in Deutschland: Ein Vergleich mit ausgewählten OECD-Staaten, in: PISA 2006. Die Ergebnisse der dritten internationalen Vergleichsstudie, Münster u. a. 2007, S. 337–366.

58 Vgl. Rainer Geißler, Die Metamorphose der Arbeitertochter zum Migrantensohn, in: Peter A. Berger/Heike Kahlert (Hrsg.), Institutionalisierte Ungleichheiten. Wie das Bildungswesen Chancen blockiert, Weinheim/München 2005, S. 71–100.

59 Vgl. Jürgen Baumert/Gundel Schümer, Familiäre Lebensverhältnisse, Bildungsbeteiligung und Kompetenzerwerb, in: PISA 2000. Basiskompetenzen von Schülerinnen und Schülern im internationalen Vergleich, Opladen 2001, S. 323–407.

60 Vgl. S.L. Prais/Karin Wagner, Schooling Standards in England and Germany: Some Summary Comparisons Bearing on Economic Performance, in: National Institute Economic Review 1985, S. 53–76; Detlef Glowka, Anglo-German Perceptions of Education, in: Comparative Education 25 (1989), S. 319–332.

zeitlich nach hinten verschoben, das Problem der Chancenungleichheit jedoch nicht grundlegend entschärften[61], zumal viele dieser Schulen durch die Art, wie sie die Schüler nach Niveaustufen einteilten, das gegliederte System in abgeschwächter Form reproduzierten. Und auch mit Blick auf die Qualität lässt sich der englische Befund leicht erklären: Die britische Schulpolitik der 1980er und 1990er Jahre vollzog nicht nur eine deutliche Abkehr von der bis dahin vorherrschenden, gesellschaftspolitisch motivierten Bildungspolitik, sondern etablierte auch ein neues, auf nationalen Bildungsstandards, Erfolgskontrollen und Wettbewerb fußendes Steuerungsparadigma[62]. Seit PISA ist es dieses Paradigma, das der deutschen Bildungspolitik als neues Referenzmodell dient.

Die konservative Bildungspolitik der Ära Thatcher war an individuellen Chancen interessiert, nicht aber an einem gesellschaftlichen Chancenausgleich. *New Labour* hat an den Grundelementen des von den Konservativen eingeführten Paradigmas festgehalten, sich zugleich jedoch auf die Fahnen geschrieben, die verschärfte soziale Schieflage ausgleichen zu wollen, die zum Erbe der konservativen Bildungspolitik zählte. Darüber, ob und in welchem Maße dies gelungen ist, gehen die Meinungen auseinander[63]. Ein radikales Ausschlagen des Pendels in eine entgegengesetzte Richtung ist unter *New Labour* jedenfalls nicht erfolgt. Anders als in den Boomjahren der Bildungsexpansion zielt dort, wo sich auf beiden Seiten des Kanals in der Bildungspolitik wieder ein sozialpolitischer Impuls bemerkbar macht, das Bestreben heute vor allem darauf, Bildungsarmut zu bekämpfen und Prozesse sozialer Deklassierung zu verhindern; durch einen Umbau des Systems die Chancen für einen „Aufstieg durch Bildung“ für alle zu erhöhen, tritt demgegenüber zurück. *New Labours* Losung lautet nicht mehr *social equality*, sondern

---

[61] Vgl. Anthony F. Heath, Educational Reform and Changes in the Stratification Process in Great Britain, in: Achim Leschinsky/Karl Ulrich Mayer (Hrsg.), The Comprehensive School Experiment Revisited: Evidence from Western Europe, Frankfurt a.M. u.a. 1990, S. 92–110.

[62] Vgl. Clyde Chitty, Towards a New Education System: The Victory of the New Right? London u.a. 1989; Pam Sammons u.a., England, in: Hans Döbert/Eckhard Klieme/Wendelin Sroka (Hrsg.), Conditions of School Performance in Seven Countries. A Quest for Understanding the International Variation of PISA Results, Münster u.a. 2004, S. 65–149.

[63] Vgl. Ruth Lupton/Natalie Heath/Emma Salter, Education: New Labour's Top Priority, in: John Hills/Tom Sefton/Kitty Stewart (Hrsg.), Towards a More Equal Society? Poverty, Inequality and Policy Since 1997, Bristol 2009, S. 71–90; Sally Tomlinson, Education in a Post-Welfare Society, Maidenhead [2]2005; sowie die bilanzierenden Beiträge in Oxford Review of Education 31 (2005) Nr. 1 und 34 (2008) Nr. 6.

social inclusion. Die Verschiebung des Ansatzpunkts resultiert nicht zuletzt aus der Differenz zwischen gehegten Erwartungen und beobachtbaren Erträgen, wie sie bei früheren Anläufen zu einer gesellschaftspolitisch motivierten Bildungspolitik zu beobachten gewesen war. Bildungspolitik ist heute Sozialpolitik zur Sicherung eines Mindestmaßes an kompetenzbezogenen Teilhabechancen, kaum aber manifeste Gesellschaftspolitik im Sinne einer Veränderung der Gesellschaft mit den Mitteln der Bildungspolitik.

Christiane Kuller

Ungleichheit der Geschlechter

1. Sozialpolitik als Geschlechterpolitik?

„Ist die Sozial- und Familienpolitik nicht in Wahrheit eine Geschlechterpolitik, das heißt eine Politik, mit deren Hilfe Männer ihre Privilegien auf Kosten der Frauen sichern und ausbauen?" Mit dieser provokanten Frage eröffnete Alice Schwarzer 1988 einen Sammelband, in dem sie gemeinsam mit der Soziologin Ute Gerhard und der Juristin Vera Slupik die Ungleichheit der Geschlechter im bundesdeutschen Sozialstaat thematisierte. Schwarzer sah darin eine skandalöse Ungerechtigkeit: Zum Nachteil der Frauen verteile der Staat das von beiden Geschlechtern gemeinsam Erwirtschaftete „en gros an Männer und en detail an Frauen". Hand in Hand damit gehe der Versuch, die Aufteilung in „Männerarbeit" und „Frauenarbeit" zu zementieren, denn der „Männerstaat" fördere gezielt die Hausfrauenehe, in der Frauen Männern gratis zuarbeiteten[1].

Gut 20 Jahre sind seit dem Erscheinen dieses Buches vergangen, und mittlerweile gibt es eine elaborierte interdisziplinäre und internationale Forschungsdebatte zur Frage der Ungleichheit der Geschlechter im Sozialstaat. Ein grundlegender Befund hat sich dabei bestätigt: In den meisten europäischen Ländern tragen Frauen bis heute ein höheres Armutsrisiko als Männer[2]. Insbesondere ihre Rentenansprüche liegen im Durchschnitt erheblich unter denen ihrer männlichen Altersgenossen. Kurz: soziale Sicherheit ist zwischen den Geschlechtern ungleich verteilt. Dies ist nach Ansicht der geschlechtersensiblen Forschung nicht allein das Ergebnis individueller Lebenslagen, sondern basiert auf dem Zusammenspiel geschlechtsspezifischer Arbeitsteilung und sozialpolitischer Institutionen. Was heute als Altersarmut von Frauen sichtbar wird, steht am Ende von Lebensläufen, in denen sich Phasen

---

1 Alice Schwarzer, Vorwort zu Ute Gerhard/Alice Schwarzer/Vera Slupik (Hrsg.), Auf Kosten der Frauen. Frauenrechte im Sozialstaat, Weinheim/Basel 1988, S. 7ff.; die Zitate finden sich auf S. 7 und S. 8.

2 Zum Zusammenhang zwischen Geschlecht und Armut vgl. auch den Beitrag von Winfried Süß in diesem Band.

der Erwerbstätigkeit, der Haushaltsführung, der Kindererziehung und der Pflege von bedürftigen Angehörigen aneinanderfügten. Die Pflege- und Versorgungsarbeit, für die sich in der Forschung der Begriff *care* eingebürgert hat, wurde und wird überwiegend unentgeltlich von Frauen erbracht. Sozialpolitisch wird diese Form von Arbeit in viel geringem Ausmaß honoriert als Erwerbsarbeit. Damit ist ein Kernbereich der *gender*-Forschung zum Sozialstaat angesprochen, nämlich die Frage, wie soziale Sicherungssysteme mit solcher Familienarbeit umgehen.

Die geschlechtersensible Sozialstaatsforschung richtet ihre Aufmerksamkeit aber nicht allein auf die Lage der Frauen. Sie geht vielmehr davon aus, dass es im Sozialstaat ein duales Geschlechterleitbild gibt, das auch den Männern spezifische Aufgaben zuweist. Die Leistungs- und Sicherungsangebote basieren auf normativen Leitbildern für beide Geschlechter. Wer über die Ungleichheit der Geschlechter im Sozialstaat spricht, muss daher auch männliche Leitbilder sowie die Beziehungen zwischen den Geschlechtern untersuchen. In der vergleichenden Sozialstaatsforschung hat sich dafür in Anlehnung an den Begriff der *welfare regimes* der Begriff der *gender regimes* etabliert[3]. Dieser duale Untersuchungsansatz greift Veränderungen in den Frauen und Männern zugeschriebenen Rollen auf, macht die engen Bezüge zwischen den Geschlechterrollen sichtbar und gibt damit auch den Blick auf mögliche Binnenspannungen innerhalb der *gender regimes* frei.

Bis in die 1960er Jahre dominierte in allen europäischen Ländern das Ernährer-Hausfrau-Modell mit einem männlichen Familienernährer und einer „Nur-Hausfrau", die den Haushalt führte und Kinder sowie pflegebedürftige Angehörige versorgte. Dieses Grundmuster war in eine Vielzahl fester Bezüge zwischen den Geschlechtern und Generationen eingebettet. Erst im letzten Drittel des 20. Jahrhunderts haben sich die unterschiedlichen sozialstaatlichen *gender regimes*, die heute sichtbar sind, ausdifferenziert[4]. Der vorliegende Beitrag stellt daher die 1960er und 1970er Jahre als eine Zeit der Um- und Ausgestaltung der Geschlechterordnungen in den Mittelpunkt und fragt nach der Art und den Gründen der

---

[3] Zur Entwicklung der Begrifflichkeit vgl. Sigrid Betzelt, „Gender Regimes". Ein ertragreiches Konzept für die komparative Forschung. Literaturstudie, Bremen 2007 (ZeS-Arbeitspapier Nr. 12/2007). Die beiden Begriffe *gender regime* und Geschlechterordnung werden in diesem Beitrag synonym verwendet.

[4] So der Befund von Diane Sainsbury (Gender, Equality and Welfare States, Cambridge 1996, S. 68) für Großbritannien, die Niederlande, die USA und Schweden.

Veränderung. Im Folgenden wird zunächst skizziert, wie sich nach Kriegsende in der Bundesrepublik und in Großbritannien ähnliche Geschlechterordnungen als sozialstaatliche Leitbilder etabliert haben. In einem zweiten Abschnitt gilt das Interesse dann den Veränderungen der 1960er und 1970er Jahre. Der letzte Abschnitt gibt schließlich einen Ausblick auf die weitere Entwicklung der *gender regimes* seit den 1980er Jahren bis zur aktuellen Debatte um das *adult worker-model* als neues Leitbild.

2. Sozialstaatliche *gender regimes* nach dem Zweiten Weltkrieg

1945 herrschte in Großbritannien eine sozialstaatliche Aufbruchstimmung, die zu einer grundlegenden Neuausrichtung der sozialen Sicherungssysteme führte. Neben einer kostenlosen Gesundheitsversorgung etablierte man erstmals eine allgemeine und gleiche Basisversicherung. Im Vergleich zu diesen Innovationen trug die erste Nachkriegsphase in Westdeutschland eher restaurative Züge. Nach den Erschütterungen der NS-Zeit und angesichts der enormen Kriegsfolgen knüpfte man hier an die traditionellen Elemente des deutschen Sozialversicherungsstaats an. Geschlechterpolitisch stand die Phase allerdings in beiden Ländern unter bürgerlich-konservativen Vorzeichen. Das erklärte Ziel lautete, die als traditionell angesehene Rollenverteilung zwischen Männern und Frauen in der sogenannten Normalfamilie zu unterstützen und zu fördern. Leitbild war das Ernährer-Hausfrau-Modell: Der Mann sollte als Familienernährer lebenslang einer aufstiegsorientierten Erwerbstätigkeit nachgehen und mit seinem „Familienlohn“ den Unterhalt für eine mehrköpfige Familie sicherstellen, während sich die Hausfrau und Mutter ganz der Familienarbeit widmete. Hunderttausende von Ein-Eltern-Familien wurden damit als vermeintlich vorübergehendes Problem der unmittelbaren Nachkriegszeit marginalisiert; Mütter, die einer Erwerbstätigkeit nachgingen – und nicht selten maßgeblich zum Unterhalt der Familie beitrugen –, galten als unerwünschte Begleiterscheinung einer historischen Ausnahmesituation.

An der Konzeption der staatlichen Rentenversicherung lässt sich dieses Leitbild exemplarisch ablesen. Die Alterssicherung knüpfte in Westdeutschland wie in Großbritannien an eine dauerhafte, aufstiegsorientierte und in Vollzeit ausgeübte Erwerbstätigkeit an und sah für Ehefrauen, die nicht berufstätig sein sollten, nur eine davon abgeleitete Sicherung vor. Aus *care*-Arbeit erwuchsen keine eigenständigen Ansprüche. In Großbritannien hatte William Beveridge, der Vordenker des *welfare state*, 1942 zwar noch vorgeschlagen, Hausfrauen zumindest einen reduzierten eigenen Status in der staatlichen Sozialversicherung einzuräumen. Auch er ging aber davon aus, „daß jede Frau mit der Heirat in Bezug auf die Sozialversicherung ein neues Leben beginnt“[5], und forderte eine generelle Sonderbehandlung verheirateter Frauen. Die 1946 eingeführte staatliche Basisrente sah schließlich keine eigenständigen Ansprüche für Hausfrauen in der Rentenversicherung mehr vor[6]. Auch in der Bundesrepublik betonten die Rentenpolitiker, dass Hausfrauen „nicht als homogener Teil einer solchen Versichertengemeinschaft gelten könnten“, da sie nicht zur Gruppe der Arbeitnehmer gehörten und ihr Sicherungsbedürfnis „weitgehend anders geartet“ sei. Mit der Rentenreform 1957 wurde die „Hausfrauenrente“, die 1937 von den nationalsozialistischen Machthabern eingeführt worden war, endgültig abgeschafft[7].

Sowohl die Bundesrepublik als auch Großbritannien verfolgten in den 1950er Jahren diesen geschlechterpolitischen Kurs weiter. Die Bundesrepublik führte mit der Rentenreform von 1957 eine Regelung ein, die die Familienarbeit im Generationenvertrag nicht berücksichtigte, da anstelle eines Drei-Generationen-Vertrags, der die Kindererziehung mit einbezogen hätte, lediglich ein Zwei-Generationen-Vertrag zwischen Erwerbs- und Ruhestandsbevölkerung zugrunde gelegt wurde[8]. Die britischen Sozialpolitiker initiierten Rentenreformen, durch die sich der Bezug zum Familienernährer

---

5 William Beveridge, Der Beveridge Plan. Sozialversicherung und verwandte Leistungen, New York 1942, Nr. 110–111.

6 Zur Debatte zwischen der Veröffentlichung des Beveridge-Plans 1942 und der Verabschiedung der Reformgesetze 1946 vgl. Jeremy Colwill, Beveridge, Women and the Welfare State, in: Critical Social Policy 14 (1994), S. 53–78.

7 Deutscher Bundestag, Drucksache 2437: Begründung zum Entwurf eines Gesetzes zur Neuregelung des Rechts der Rentenversicherung der Arbeiter und der Angestellten vom 5.6.1956; zit. nach Ulrike Haerendel, Geschlechterpolitik und Alterssicherung. Frauen in der gesetzlichen Rentenversicherung von den Anfängen bis zur Reform 1957, in: Deutsche Rentenversicherung 2-3/2007, S. 99–124, hier S. 116.

8 Vgl. Hans Günter Hockerts, Sozialpolitische Entscheidungen im Nachkriegsdeutschland. Alliierte und deutsche Sozialversicherungspolitik 1945 bis 1957, Stuttgart 1980. Zur Debatte um das ebenfalls 1957 eingeführte vorgezogene Altersruhegeld, das es Frauen ermöglichte, im Alter von 63 Jahren und damit zwei Jahre früher als Männer in Rente zu gehen, vgl. Haerendel, Geschlechterpolitik, S. 118–121. Ausschlaggebend waren demnach sowohl soziale Aspekte (frühere Erschöpfung von Frauen insbesondere wegen der Doppelbelastung durch Haushalt und Erwerbstätigkeit) als auch versicherungsmathematische Fairness (weil bei Frauen kaum das Risiko von Hinterbliebenenrenten bestand).

weiter verstärkte[9]. Personen, die Familienarbeit leisteten, hatten damit weder im britischen noch im bundesdeutschen Rentensystem einen autonomen Platz. Beide Länder eröffneten Ehefrauen nach der Heirat auch die Möglichkeit, ganz aus der Rentenversicherung auszuscheiden und sich bisher einbezahlte Beiträge auszahlen zu lassen – ein Angebot, das viele Frauen gerne annahmen[10].

Bei allen Ähnlichkeiten in den *gender regimes* gab es allerdings auch signifikante Unterschiede. So bewegten sich die staatlichen Basisrenten in England in Form einer *flatrate* auf dem niedrigen Niveau einer Grundsicherung. Einkommensunterschiede sowie Geschlechterdifferenzen auf dem Arbeitsmarkt bildeten sich daher zunächst in der britischen staatlichen Alterssicherung in wesentlich geringerem Maße ab als in der bundesdeutschen, deren Höhe insbesondere seit der Reform von 1957 stark vom vorherigen Einkommen abhing. Wenn sich dennoch bereits seit den 1950er Jahren auch in der britischen Gesellschaft eine einkommensbezogene Auffächerung in den Rentenansprüchen zeigte, resultierte dies aus betrieblichen und privaten Zusatzrenten, die an die Erwerbsarbeit anknüpften. Außerdem hatten in Großbritannien berufstätige verheiratete Frauen einen Sonderstatus in der Versicherung: Sie bezogen bei hoher Mindestlaufzeit und vollen Beiträgen niedrigere Leistungen als Männer. Zahlten sie reduzierte Beiträge, generierte das sehr geringe oder keine Leistungsansprüche. In der Bundesrepublik hingegen konnten berufstätige Frauen nach der Heirat ihre Sozialversicherung wie zuvor weiterführen.

Bezieht man neben der Rentenversicherung auch andere Bereiche des Sozialstaats in die Untersuchung ein, dann treten mit Blick auf die *gender regimes* in der Nachkriegszeit vor allem drei Charakteristika hervor, die Westdeutschland und Großbritannien gemeinsam waren: Sozialstaatliche Leistungen für Familienarbeit knüpften – erstens – in der Regel an das Leitbild der „Vollfamilie“ an und waren vielfach nur dann vollständig realisierbar, wenn ein Ehepaar seine Partnerschaft nach dem Ernährer-Hausfrau-Modell organisierte und Ansprüche gemeinsam geltend machte. Mütter partizipierten an vielen Leistungen nur, wenn sie mit einem „Er-

---

[9] Der *National Insurance Act* führte 1959 einkommensbezogene Berechnungselemente in die staatliche Rente ein und erlaubte Unternehmen, die private Zusatzrenten anboten, teilweise aus dem staatlichen Rentensystem auszutreten *(Contracting-out)*.

[10] In der Bundesrepublik war der Ausstieg aus der Rentenversicherung für nicht erwerbstätige Ehefrauen zwischen 1957 und 1965 möglich, in Großbritannien bestand diese Möglichkeit zwischen 1946 und 1975.

nährer" verheiratet waren, Väter konnten die volle Förderung lediglich dann ausschöpfen, wenn sie eine „Nur-Hausfrau" an ihrer Seite hatten. Dieses Prinzip legte beide Elternteile auf eine Rolle fest und schränkte sie in ihrer Autonomie ein. Die Hausfrauen waren zumeist wirtschaftlich stark von ihren Ehemännern abhängig, die in der Regel über das Einkommen und vielfach auch über den primären Zugang zu sozialen Leistungen verfügten. Neben den ökonomischen Ungleichheiten gilt daher die unterschiedliche Autonomie beziehungsweise Abhängigkeit der Geschlechter als zentrales Kriterium des herrschenden *gender regimes*[11].

Das Bild vervollständigt sich, wenn man das zeitgenössische Ehe- und Familienrecht in die Betrachtung einbezieht. Nach der Heirat hatten Ehefrauen einen Anspruch auf Versorgung durch ihren Gatten und waren in gewissem Maße auf diese Weise abgesichert – vorausgesetzt, die Ehe hatte Bestand. Hergestellt wurde die Geschlechterordnung also auch durch eine Reihe von Faktoren im Geschlechterarrangement jener Jahre, die weit über den Sozialstaat hinauswiesen. Gesellschaftliche Leitvorstellungen, Normen und Werte, die sich unter anderem auch im Steuer-, Arbeits-, Familien- und Eherecht spiegelten, trugen maßgeblich dazu bei, dem Ernährer-Hausfrau-Modell als Leitbild Geltung zu verschaffen[12].

Auch wenn diese Beobachtung in weiten Bereichen für die Bundesrepublik wie für Großbritannien zutrifft, muss man hervorheben, dass es im britischen Wohlfahrtsstaat in den 1950er Jahren eine Reihe von Aspekten gab, die in eine andere Richtung wiesen: So waren abgeleitete Pensionsansprüche stets an die Person gebunden und Frauen behielten sie etwa auch nach einer Scheidung – eine Regelung, die in der Bundesrepublik erst 1976 eingeführt wurde. In der Krankenversicherung bot der britische *National Health Service* unabhängig vom Familienstand allen Staatsbürger kostenlosen Zugang zum Gesundheitssystem, während in der Bundesrepublik die attraktive Option der beitragsfreien Teilhabe an der gesetzlichen Krankenversicherung nur verheirateten Frauen offenstand[13]. Und

---

[11] Vgl. Sainsbury, Gender, S. 33–46.

[12] Zum Konzept des *gender arrangement* vgl. Birgit Pfau-Effinger, Gender Cultures and the Gender Arrangement – a Theoretical Framework for Cross-national Comparisons on Gender, in: The British Journal of Social Sciences 11 (1998), S. 147–166.

[13] Verbunden war der privilegierte Status einer beitragsfreien Mitversicherung mit einer persönlichen Abhängigkeit vom Ehemann als Hauptversichertem, der die Anträge für alle Familienangehörigen unterzeichnen musste. Vgl. bereits die frühe Kritik von Vera Slupik, Frauenrechte in der gesetzlichen Krankenversicherung, in: Gerhard/Schwarzer/Slupik (Hrsg.), Auf Kosten der Frauen, S. 213–230.

auch die wirkungsmächtigen Förderinstrumente im bundesdeutschen Einkommensteuerrecht, das die Lebensform der Ernährer-Hausfrauen-Ehe unter anderem durch das Ehegattensplitting hoch prämierte, kannte das britische Steuerrecht nicht.

In der Nachkriegszeit verfestigte sich – zweitens – eine sozialpolitische Zweiteilung entlang der Geschlechtergrenzen. Dies zeigt sich besonders deutlich in der Bundesrepublik. Erwerbstätige waren durch das gut ausgebaute staatliche Versicherungssystem geschützt. Für den berufstätigen Familienvater sollte die Inanspruchnahme einer Sozialleistung nicht zum Abstieg führen, nicht im Krankheitsfall, nicht im Alter und auch nicht bei der Geburt von Kindern. Mit dem familiären Aufgabenbereich der Mütter befasste sich hingegen vor allem die Familien- und Fürsorgepolitik. Deren Leistungen waren und sind in der Regel an niedrigen, einheitlichen Mindestbedarfssätzen orientiert. Der Ausstieg aus der Erwerbstätigkeit zugunsten der Versorgung von Familienangehörigen war für Frauen daher langfristig mit sozialrechtlichen Einbußen verbunden, die nur dadurch ausgeglichen werden konnten, dass sich die Hausfrau und Mutter mit einem gut verdienenden Mann liierte und die eigenen Versorgungsansprüche mit denen ihres Gatten zusammenführte. Der Heiratsvertrag ersetzte gewissermaßen ihren Versicherungsvertrag[14].

Auf den ersten Blick scheint sich hier eine grundlegende Differenz zwischen bundesdeutschem und britischem Sozialstaat aufzutun, denn während in der Bundesrepublik als Musterland des Sozialversicherungsstaats der Statuserhalt als Leitprinzip galt, orientierten sich die Leistungen in Großbritannien zunächst prinzipiell am Bedarfsprinzip. Für eine geschlechtsbezogene Segregierung scheint es daher in England auf den ersten Blick keinen Platz gegeben zu haben. Diese Argumentation übersieht jedoch ein zentrales Konstruktionselement des britischen Sozialstaats: Die niedrige Grundsicherung, die er gewährleistete, ließ ganz bewusst Raum für private und betriebliche Zusatzregelungen, die durchaus am Prinzip des Statuserhalts orientiert waren und an die Erwerbstätigkeit der Familienväter anknüpften. Die Ungleichheit der sozialen Sicherung zwischen Männern und Frauen in Großbritannien geht maßgeblich darauf zurück, dass Frauen wesentlich seltener private Zusatzversicherungen aufbauen konnten als Männer[15].

---

[14] Vgl. dazu Christiane Kuller, Soziale Sicherung von Frauen – ein ungelöstes Strukturproblem im männlichen Wohlfahrtsstaat. Die Bundesrepublik im europäischen Vergleich, in: AfS 47 (2007), S. 199–236, hier S. 214.

[15] Zur Umverteilungskapazität des britischen Wohlfahrtsstaats in Bezug auf die Geschlechter vgl. Sainsbury, Gender, S. 149–153.

In beiden Ländern standen – drittens – monetäre Ausgleichsleistungen für Familienarbeit im Zentrum sozialstaatlicher Angebote. Das Netz außerfamiliärer Kinderbetreuung hingegen wurde in den ersten Nachkriegsjahren in weiten Teilen ausgedünnt und blieb lange Zeit ausgesprochen weitmaschig. Es bestand Konsens darüber, dass die im Krieg aufgebauten Einrichtungen nicht mehr wünschenswert seien. So kann man in Westdeutschland wie in Großbritannien in den späten 1940er Jahren einen Rückgang an öffentlichen Kinderbetreuungsangeboten beobachten[16]. Angesichts dieser Situation war es vor allem für Mütter von Kindern im Vorschulalter mit großen Schwierigkeiten verbunden, Familie und Beruf zu vereinbaren und so eigene Ansprüche auf Leistungen aus dem erwerbsbezogenen System der sozialen Sicherung aufzubauen.

Ausgeschlossen war Erwerbstätigkeit im vorherrschenden Ehefrauen-Leitbild der 1950er Jahre indes nicht. Die britische Soziologin Viola Klein und ihre schwedische Kollegin Alva Myrdal beispielsweise propagierten in ihrem breit rezipierten Buch „Women's Two Roles" 1956 ein Modell, das die Berufstätigkeit (verheirateter) Frauen mit einschloss[17]: In der Familienphase sollten sich Frauen zwar weiterhin allein ihren hausfraulichen und mütterlichen Pflichten widmen, die von Klein und Myrdal nicht in Frage gestellt wurden. Vor und nach der Familienphase sollten sie aber einer regulären Vollzeiterwerbstätigkeit nachgehen. Dieses Modell passte sich scheinbar reibungslos in die bestehende Geschlechterordnung ein und stellte die zeitgenössischen Normalitätsvorstellungen nicht in Frage, denn es rührte für die Familienphase nicht an der Grundanlage des Ernährer-Hausfrau-Modells und legte für die vorangehenden und nachfolgenden Phasen das sogenannte Normalarbeitsverhältnis zugrunde.

In der sozialen Sicherung waren Frauen, die sich an Alva Myrdals und Viola Kleins Modell orientierten, gegenüber männlichen „Nor-

---

16 In Großbritannien war der Rückgang stärker als in der Bundesrepublik, wo es eine längere Tradition der Kindergärten gab und viele Einrichtungen nach 1945 von den Kirchen übernommen und weitergeführt wurden. Vgl. Christiane Kuller, Familienpolitik im föderativen Sozialstaat. Die Formierung eines Politikfeldes in der Bundesrepublik 1949–1975, München 2004, S. 287; Rodney Lowe, The Welfare State in Britain Since 1945, Basingstoke/New York [3]2005, S. 229.

17 Vgl. Alva Myrdal/Viola Klein, Women's Two Roles. Home and Work, London 1956. In der Bundesrepublik wurde das Buch erst nach der Übersetzung ins Deutsche (Die Doppelrolle der Frau in Familie und Beruf, Köln/Berlin 1960) rezipiert; die folgenden Zitate nach der deutschen Fassung, S. 64 und S. 45.

malerwerbstätigen“ allerdings weiterhin vielfach benachteiligt. Wegen der Unterbrechung der Erwerbstätigkeit während der Familienphase konnten sie meist weder im Hinblick auf die Beitragsjahre noch auf die Karriere mit Männern konkurrieren. Bei der Rentenversicherung beispielsweise erreichten sie die Mindestjahre als Beitragszahler kaum und arbeiteten – vor allem nach der Familienphase – oftmals in schlecht bezahlten Berufen. Myrdal und Klein zielten aber im Kern auch nicht auf bessere Teilhabe der Frauen an sozialer Sicherung. Sie gingen vielmehr davon aus, dass die Erwerbsarbeit zwischen den Geschlechtern gerechter verteilt werden müsse, da die Mütter aufgrund geringerer Kinderzahl und längerer Lebenserwartung nach der Familienphase einen ausgedehnten Lebensabschnitt der „Leere und Zwecklosigkeit“ hätten. In dieser „dritten Periode des Erwachsenenlebens“ einer Frau sei es – nicht zuletzt angesichts der zunehmenden Zahl von Scheidungen – nicht legitim, wenn Frauen weiterhin darauf beharrten, lebenslang von ihren Ehemännern unterhalten zu werden, obwohl ihr „Lebensberuf“ als Mutter nur mehr einen Teil ihrer Lebenszeit ausfülle. Mit ihren Forderungen wollten die beiden Soziologinnen die als Normalfall angesehene berufstätige Frau der Zukunft legitimieren, die sich eine Art Auszeit für die Familienbetreuung nehmen sollte[18].

Im Leben vieler Frauen jener Zeit war die Erwerbstätigkeit gelebte Realität, wenn auch nicht unbedingt entsprechend dem von Myrdal und Klein beschriebenen Phasenmodell. Die zunehmende Erwerbstätigkeit von Müttern ist einer der signifikanten neuen Trends der Nachkriegszeit. In der Bundesrepublik stieg der Anteil der Frauen mit Kindern unter den erwerbstätigen Frauen von knapp zehn Prozent 1950 auf 20 Prozent 1965 an[19]. In Großbritannien lag der Wert noch höher. Hier hatten 1961 24 Prozent der erwerbstätigen Frauen Kinder zu versorgen[20]. Dabei ist zu beachten, dass sich gleichzeitig auch die Art der Erwerbstätigkeit veränderte. Waren Frauen früher in erheblichem Maße als mithelfende Familienangehörige und in Dienstleistungsberufen tätig gewesen,

---

[18] Diese These hatte Alva Myrdal bereits in ihrem Buch Nation and Family. The Swedish Experiment in Democratic Family and Population Policy, New York/London 1941, vertreten. Vgl. dazu auch Jane Lewis, Women in Britain since 1945, Oxford 1992, S. 73.

[19] Vgl. Merith Niehuss, Familie, Frau und Gesellschaft. Studien zur Strukturgeschichte der Familie in Westdeutschland 1945–1960, Göttingen 2001, S. 224f. und S. 227.

[20] Vgl. Jane Lewis, Women and Social Change 1945–1995, in: Jonathan Hollowell (Hrsg.), Britain Since 1945, Oxford u.a. 2003, S. 260–278, hier S. 261–264.

so ging der Trend jetzt zu außerhäuslicher Erwerbstätigkeit. In Art und Umfang entsprach die Müttererwerbstätigkeit in Großbritannien noch eher dem Phasenmodell als in der Bundesrepublik. Vor allem nach der Geburt von Kindern zeigt sich aber in beiden Ländern eine signifikante Abweichung: Anders als von Myrdal und Klein entworfen, nahm die große Mehrzahl der Mütter nach ihrer Rückkehr auf den Arbeitsmarkt lediglich eine Teilzeitarbeit auf.

3. Die Diversifizierung der *gender regimes* in den 1960er und 1970er Jahren

Waren in den 1950er Jahren sozialpolitische Regelungen vorwiegend auf das Ernährer-Hausfrau-Modell als gesellschaftliches Leitbild orientiert, so kann man ab den 1960er Jahren einen Wandel beobachten. Um die Veränderungsprozesse zu beschreiben, ist es hilfreich, zwei sozialpolitische Arenen zu unterscheiden: Zum einen den Bereich der sozialen Leistungen, die an die Erwerbstätigkeit anknüpften, zum anderen die sozialstaatlichen Angebote, die direkt auf Familienarbeit bezogen waren.

In der Bundesrepublik bildete die Integration der Teilzeitarbeit in die soziale Sicherung eine wichtige Etappe. Hier verdreifachte sich die Zahl der teilzeitbeschäftigten Frauen zwischen 1960 und 1971; ihr Anteil an der Gesamtzahl der erwerbstätigen Frauen stieg von 7,1 Prozent 1961 auf 19,3 Prozent 1971. Ganz überwiegend waren es Ehefrauen und Mütter, die Teilzeitjobs ausübten. Teilzeitarbeit entwickelte sich in den 1960er Jahren zum charakteristischen Erwerbsmodell für Frauen mit Familie[21]. Die bundesdeutschen Sozialpolitiker reagierten auf diesen neuen Trend vergleichsweise früh und weitreichend, indem sie die Teilzeitarbeit in den 1960er Jahren schrittweise in das soziale Sicherungssystem integrierten. 1962 sprach das Bundessozialgericht Arbeitnehmerinnen und Arbeitnehmern einen Anspruch auf Arbeitslosenunterstützung zu, wenn sie bereit waren, mindestens 25 Wochenstunden zu arbeiten. Bis dahin hatten die Arbeitsämter häufig die Arbeitslosenunterstützung verweigert, wenn die Frauen keine Vollzeitstelle annehmen konnten. Drei Jahre später wurde die Teilzeit-

---

[21] Zahlen über Teilzeitarbeit stehen für die Bundesrepublik erst ab den 1960er Jahren zur Verfügung. Statistische Angaben nach Christine von Oertzen, Teilzeitarbeit und die Lust am Zuverdienen. Geschlechterpolitik und gesellschaftlicher Wandel in Westdeutschland 1948–1969, Göttingen 1999, S. 229ff.; zum Folgenden vgl. ebenda, S. 123–132 und S. 164.

arbeit als reguläres Beschäftigungsverhältnis auch in der Renten- und Krankenversicherung verankert. Diese Regelungen bedeuteten eine Gleichstellung mit Vollerwerbstätigen, da Personen mit einer Teilerwerbstätigkeit nun auch einen anteiligen Anspruch auf Arbeitslosenunterstützung sowie Kranken- und Alterssicherung bekamen, der ihnen zuvor verwehrt worden war. Dies bot insbesondere Ehefrauen und Müttern erstmals die Möglichkeit, auch ohne eine Vollzeiterwerbstätigkeit an der Sozialversicherung zu partizipieren, und eröffnete ihnen damit einen Zugang zum erwerbsbezogenen Hauptpfeiler des deutschen Sozialstaats. Gleichzeitig entstand mit der Teilzeitarbeit aber auch ein segregierter Arbeitsmarkt für Frauen mit deutlich schlechteren Verdienst- und Aufstiegsmöglichkeiten, der den *gender gap* vertiefte.

Ordnet man diese Reform im Hinblick auf das *gender*-Leitbild ein, dann zeigt sich eine bemerkenswerte Akzentverschiebung: Die Rolle der Ehefrau und Mutter betraf nun nicht mehr allein die Familie, sondern teilweise auch die Arbeitswelt – und das nicht phasenweise versetzt, wie es Myrdal und Klein beschrieben hatten, sondern gleichzeitig. Was hier zum Ausdruck kam, lässt sich mit dem Wandel vom Ernährer-*Hausfrau*-Modell zum Ernährer-*Zuverdienerin*-Modell beschreiben. Die Charakterisierung der Ehefrau als Zuverdienerin unterschied sie aber weiterhin klar vom Ernährer. Eine Revolution der Geschlechterarrangements setzten die Teilzeitregelungen nicht in Gang – im Gegenteil, Kritiker sahen in der frühen Etablierung der Teilzeitarbeit in der Bundesrepublik sogar einen stabilisierenden Faktor für die traditionelle familiäre Aufgabenverteilung, der spätere Reformschritte eher verhindert habe, indem er die Schwierigkeiten verheirateter Frauen, die Beruf und Familie zu vereinbaren suchten, „verewigte“[22]. Die Familien- und Hausarbeit blieb weiterhin Aufgabe von Frauen – dies war nicht zuletzt im Familiengesetzbuch bis 1977 explizit so festgeschrieben. Außerdem setzte dieses Modell die Ehe mit einem Ernährer voraus, denn Teilzeitarbeit begründete eben nur eine Teilpartizipation, die in der Regel für eine autonome soziale Sicherung nicht ausreichte.

Obwohl in Großbritannien der Anteil der teilzeitarbeitenden Frauen seit den 1950er Jahren sogar noch weitaus stärker angestiegen war als in der Bundesrepublik – die Statistik wies für 1951 12 Prozent der Frauen als Teilzeitkräfte aus, der Anteil erhöhte sich bis 1961 auf 26 Prozent und bis 1971 auf 35 Prozent[23] –, gab es dort

---

22 Myrdal/Klein, Doppelrolle, S. 210.

23 Vgl. Catherine Hakim, Key Issues in Women's Work. Female Heterogenity and the Polarisation of Women's Employment, London 1996, S. 64ff.

keine vergleichbare Integration der Teilzeitarbeit in das Netz der sozialen Sicherung. Insbesondere die wichtigen betrieblichen Zusatzrenten wurden erst in den 1990er Jahren auf Druck der Europäischen Union für Teilzeitbeschäftigte geöffnet[24]. Noch 1966 kam ein vielzitierter Bericht von Industriellen und Gewerkschaften in England zu dem Ergebnis, dass ein stärkerer Schutz der Pensionsrechte von Frauen bei einer Heirat nicht nötig sei und auch von den Frauen selbst abgelehnt werde[25].

Auf den britischen Inseln fand der Wandel im sozialpolitischen *gender regime* erst mit der großen Rentenreform Mitte der 1970er Jahre statt. Von nun an konnten verheiratete Frauen eigene lohnbezogene Rentenansprüche zusätzlich zur staatlichen *flatrate*-Rente erwerben, Ehefrauen durften nach der Heirat nicht mehr freiwillig aus dem Versicherungssystem austreten und behielten nach der Eheschließung ihren Versichertenstatus, wenn sie weiterhin berufstätig waren. Das neue Pensionssystem SERPS sorgte nicht nur dafür, dass die Ansprüche von erwerbstätigen Ehefrauen in den genannten drei Punkten denen von Männern (und übrigens auch denen von unverheirateten Frauen) angeglichen wurden, sondern bot darüber hinaus erstmals auch Leistungen für *care*-Arbeit. So wurde unter anderem die Mindestbeitragszeit für Mütter reduziert, die seither auch Erziehungszeiten für die Basisrente geltend machen können *(home responsibility protection)*. Die Pensionsreform verband damit die beiden genannten Arenen: Zum einen legte sie den Grundstein für eine Gleichbehandlung von Ehefrauen mit anderen Erwerbstätigen, indem sie den Sonderstatus von verheirateten Frauen abschaffte. Zum anderen etablierte sie die Kindererziehung als Anspruchsgrundlage eigenen Rechts. Die Reform gilt als eine richtungsweisende Zäsur für das *gender regime* des britischen Sozialstaats. Hatten zuvor Hausfrauen und Mütter eine im internationalen Vergleich besonders abhängige Position gehabt, so avancierte das staatliche Pensionssystem in Großbritannien durch den *Social Security Pensions Act* von 1975 – was die Gleichberechtigung von Frauen mit Familie betraf – zu einem der fortschrittlichsten in Europa[26].

---

24 Der Ausschluss von Teilzeiterwerbstätigen aus *occupational pensions* war seit 1986 durch EU-Urteil, ab 1995 auch nach britischem Recht (*Pensions Act*) verboten. Vgl. Jay Ginn, Gender, Pensions and the Lifecourse. How Pensions Need to Adapt to Changing Family Forms, Bristol 2003, S. 13.

25 Vgl. National Joint Advisory Council: Preservation of Pension Rights, Ministry of Labour (1966), S. 42; zit. nach Leslie Hannah, Inventing Retirement. The Development of Occupational Pensions in Britain, Cambridge u. a. 1986, S. 118.

26 Vgl. Howard Glennerster, British Social Policy. 1945 to the Present, Oxford [3]2007, S. 115.

Auch in der Rentenpolitik der Bundesrepublik gab es in den 1970er Jahren einen weiteren Reformschub, als 1972 eine Rente nach Mindesteinkommen eingeführt wurde. Davon profitierten in erheblichem Maße erwerbstätige Mütter, die in großer Zahl in Niedriglohnsektoren gearbeitet hatten. Die im Vorfeld der Reform aufgestellte, explizit genderpolitische Forderung nach der Anrechnung von sogenannten Babyjahren in der Rente wurde allerdings nicht verwirklicht; Beitragsjahre für die Kindererziehung sind in der Bundesrepublik erst seit Mitte der 1980er Jahre anrechenbar. Sie wurden zusammen mit Erziehungsurlaub und Erziehungsgeld eingeführt – in diesem Punkt hinkte die Bundesrepublik rund zehn Jahre hinter Großbritannien her.

Bezieht man weitere Bereiche des Sozialstaats jenseits der Rentenpolitik mit in die Untersuchung ein, dann zeigt sich für diese Umbruchzeit ein ambivalentes Bild mit großen Veränderungen, aber auch bemerkenswerten Kontinuitäten im *gender regime*. Der Familienstand, also die Frage, ob eine Person ledig, verheiratet, verwitwet oder geschieden war, verlor – erstens – als sozialstaatliche Kategorie an Bedeutung. Statt auf Ehe und Familie bezogen sich staatliche Angebote nun stärker auf das Individuum. War zuvor der Ehevertrag dem Sozialversicherungsvertrag vorgelagert gewesen, so löste sich die soziale Sicherung jetzt mehr und mehr aus diesem Kopplungsverhältnis. Diese Entwicklung stand im Kontext eines europaweiten Wandlungsprozesses, durch den sich das Verhältnis von Eigen-, Familien- und gesellschaftlicher Solidarverantwortung grundlegend veränderte[27]. Sie korrespondierte zudem mit Reformen des Eherechts, das in der Bundesrepublik wie in Großbritannien Ende der 1960er Jahre und in den 1970er Jahren zugunsten einer gleichberechtigten Partnerschaft mit größerer Eigenverantwortung, aber auch gerechterer Vermögensaufteilung umgestaltet wurde[28].

---

[27] Vgl. Eberhard Eichenhofer, Schlussfolgerungen aus Sicht des Sozialrechtsvergleichs. 20 Themen – 20 Thesen, in: Dokumentation der Tagung „Eigenverantwortung, private und öffentliche Solidarität – Rollenleitbilder im Familien- und Sozialrecht im europäischen Vergleich", Baden-Baden 2008, S. 459–473, hier S. 459.

[28] Zur bundesdeutschen Ehe- und Familienrechtsreform vgl. Werner Schubert (Hrsg.), Die Reform des Ehescheidungsrechts von 1976. Quellen zum Ersten Gesetz vom 14.6.1976 zur Reform des Ehe- und Familienrechts, Frankfurt a.M. u. a. 2007. Zu den britischen Ehe- und Scheidungsrechtsreformen zwischen 1969 und 1973 vgl. zusammenfassend Jane Lewis, The Changing Context for the Obligation to Care and to Earn, in: Sanford N. Katz/John Eekelaar/Mavis Maclean (Hrsg.), Family Law and Policy in the US and England, Oxford 2000, S. 81–100, hier S. 89f.

Dabei verlief der Trend zur Individualisierung sozialer Leistungen nicht in allen Bereichen gleichmäßig. Während erwerbsbezogene Sozialleistungen früh individualisiert wurden, hielt man im Bereich der Leistungen für nichterwerbstätige Elternteile wesentlich beharrlicher am Bezug auf die Ehe fest. In Großbritannien ist die Ausgleichszahlung für die Pflege bedürftiger Angehöriger ein signifikantes Beispiel. Im Gegensatz zu berufstätigen Personen konnten Hausfrauen bei der Einführung dieser Regelung keinen Anspruch geltend machen, weil die Pflege nach Ansicht der Sozialpolitiker ohnehin zu ihren Aufgaben gehörte[29].

Kennzeichnend für die Veränderungen der 1960er und 1970er Jahre war – zweitens – die geschlechtsneutrale Formulierung der Gesetzestexte, wie sie beispielsweise in der Angleichung der Rentenansprüche von Witwern und Witwen deutlich wurde[30]. Betrachtet man die Reformen allerdings genauer, zeigt sich, dass viele Regelungen seit den 1970er Jahren zwar nicht mehr explizit Geschlechterrollen festschrieben, aber weiterhin ungleiche Rollen in einer Paarbeziehung voraussetzen. Die Differenz zwischen statusbezogenen Sozialleistungen in der Erwerbswelt und bedarfsorientierten Angeboten für familiäre *care*-Arbeit blieb dabei weitgehend erhalten und prägte den Wandel „von geschlechtspezifischer zu geschlechtsneutraler Abhängigkeit“[31]. Das wird exemplarisch bei der britischen Konzeption von Einkommenszuschüssen für bedürftige Familien deutlich. Obwohl die Vorschrift, dass nur der männliche Partner solche Ansprüche geltend machen durfte, Anfang der 1980er Jahre formal aufgehoben wurde, machen es implizite Hürden bis heute für Ehefrauen schwer, Leistungen zu erhalten. Derartige Regelungen gelten als stabiler Anker für das nach wie vor existierende Ernährermodell. In der Bundesrepublik war beispielsweise das Erziehungsgeld aus dem Jahr 1985 so konzipiert, dass es wegen seiner geringen und einheitlichen Höhe keine unabhängige Haushaltsführung ermöglichte. Der Elternteil, der das Erziehungsgeld bekam, war in wirtschaftlicher Hinsicht weiterhin von einem Familienernährer abhängig[32].

---

29 Vgl. Linda Luckhaus, Die Rolle der Abhängigkeit im britischen Sozialleistungsrecht. Auf der Suche nach einem neuen rechtlichen Bezugsrahmen, in: Eigenverantwortung, S. 260–280, hier S. 265f.

30 Verbunden war die formale Geschlechtsneutralität häufig mit einer Ausweitung der sozialen Rechte; vgl. etwa Kirsten Scheiwe, Soziale Sicherungsmodelle zwischen Individualisierung und Abhängigkeiten – verliert das traditionelle „Ernährermodell“ im Sozialversicherungsrecht an Bedeutung?, in: Kritische Justiz 38 (2005), S. 127–151, hier S. 134.

31 Luckhaus, Rolle, in: Eigenverantwortung, S. 264.

32 Vgl. Wiebke Kolbe, Elternschaft im Wohlfahrtsstaat. Schweden und die Bundesrepublik im Vergleich 1945–2000, Frankfurt a.M. 2002, S. 412.

Drittens hatte das Thema öffentliche Kinderbetreuung in den 1960er und frühen 1970er Jahren in der Bundesrepublik wie in Großbritannien Konjunktur, die jedoch bald wieder abflaute. Diese Konjunktur war weniger das Ergebnis gleichstellungspolitischer Überlegungen, sondern entsprang primär bildungspolitischen Motiven, da in den 1960er Jahren vorschulische Erziehung als wirksames Mittel gegen kindliche Entwicklungsdefizite erkannt wurde. In Großbritannien verkündete 1972 die damalige Sozialministerin Margaret Thatcher nach langer Debatte den großzügigen Ausbau der Kinderbetreuungsplätze, der dann jedoch der Ölpreiskrise zum Opfer fiel. Zwar hat sich die Zahl der betreuten Kinder in England zwischen 1960 und 1975 verdoppelt. Diese Expansion ging aber vorwiegend auf private Selbsthilfeinitiativen zurück, so dass bis heute in Großbritannien private Arrangements den wichtigsten Bereich der Kinderbetreuung bilden[33].

Auch in der Bundesrepublik kann man ab Ende der 1960er Jahre einen politischen Willen zum Ausbau des Netzes der öffentlichen Kinderbetreuungseinrichtungen beobachten, der allerdings ebenfalls im Ansatz stecken blieb. Dass sich die Betreuungssituation in der Bundesrepublik in den 1970er Jahren dennoch zunehmend verbesserte, lag weniger an einer Ausweitung des Angebots als vielmehr am Geburteneinbruch seit Mitte der 1960er Jahre[34]. Auch hatte sich der Ausbau vor allem auf Kindergärten und vorschulische Einrichtungen konzentriert, da die Bildungspolitik vor allem die Kinder im Blick hatte, die vor der Einschulung standen. Krippenplätze für die Jüngeren unter drei Jahren waren weiterhin kaum vorhanden, ebenso wenig Hortplätze für Schulkinder, was in einem Land, in dem Ganztagsschulen bis heute die Ausnahme sind, ein kaum überwindbares Hindernis für die Integration beider Eltern in den Arbeitsmarkt bedeuten musste. Aber auch die Kindergärten, die gemäß dem Subsidiaritätsprinzip überwiegend von freien Trägern – zumeist von den kirchlichen Wohlfahrtsverbänden – betrieben wurden, waren auf Halbtagsbetrieb eingestellt, der ganz bewusst die familiäre Erziehung nur ergänzen, nicht ersetzen sollte. Bei den Grundschulen verhielt es sich nicht anders. Auch wenn der Ausbau frühkindlicher Betreuungs- und Bildungseinrichtungen unterschiedlichen Mustern folgte – in Großbritannien vor allem privat organisiert, in der Bundesrepublik durch die freien Wohlfahrtsverbände getragen –, zeigt

---

33 Vgl. Lowe, Welfare State, S. 229.
34 Vgl. Kuller, Familienpolitik, S. 285–326.

sich am Ende ein ähnliches Ergebnis: Im Vordergrund standen die Bedürfnisse der Kinder, die nur schwer in Einklang zu bringen waren mit den Vorgaben, die der Arbeitsmarkt den berufstätigen Müttern diktierte.

Die Reformen in der Um- und Ausgestaltungsphase der *gender regimes* der 1960er und 1970er Jahre in der Bundesrepublik und in Großbritannien lassen sich kaum auf einen einzigen Trend zuspitzen. Zwar hoben die Sozialpolitiker in beiden Ländern die Sonderstellung verheirateter Frauen bei der berufsbezogenen Sozialversicherung auf. Die Integration von Müttern in den Arbeitsmarkt wurde jedoch sozialpolitisch nur halbherzig begleitet. Weder britische noch bundesdeutsche Sozialpolitiker gingen das Problem der Vereinbarkeit von Familie und Beruf systematisch an. Bis heute basieren beide sozialen Sicherungssysteme vielmehr auf der Grundannahme, dass Eltern und vor allem Mütter die Möglichkeit haben sollten, bei ihren Kindern zu bleiben, und dass daher zumindest ein Teil der Mütter ein anderes Lebensmodell habe als ein „Normalerwerbstätiger". Den konsequenten Schritt, die soziale Sicherung der Mütter, die ihre Kinder zu Hause versorgten, signifikant zu verbessern, ging man aber weder in Deutschland noch in Großbritannien. Vielmehr zeigten sich gerade im Bereich der sozialen Sicherung der familiären *care*-Arbeit die stärksten Kontinuitäten zu den 1950er Jahren mit ihren vielfach kritisierten Abhängigkeiten und der geringen Höhe der Leistungen. Dass *care*-bezogene Leistungen Nachzügler des Sozialstaats waren, vertiefte dabei nicht zuletzt den Konflikt zwischen berufstätigen und nichtberufstätigen Müttern[35].

In der Unübersichtlichkeit und Uneindeutigkeit der Strategien[36] unterscheidet sich die Entwicklung in der Bundesrepublik und im Vereinigten Königreich von der anderer Länder wie etwa Schweden, die in jener Zeit vornehmlich auf die vollständige Einbindung aller Mütter in den Arbeitsmarkt, insbesondere in den öffentlichen Dienst, setzten. Dies korreliert mit dem Befund, dass sich in Westdeutschland und Großbritannien das allgemeine gesellschaftliche Geschlechterleitbild in jenen Jahren nicht einfach in

---

[35] Vgl. Kolbe, Elternschaft, S. 412.

[36] Vgl. Eva Maria Hohnerlein, Rollenleitbilder und Sozialleistungen – Probleme der eigenständigen Existenzsicherung von Frauen aus vergleichender Sicht, in: Eigenverantwortung, S. 65–75, hier S. 69ff. Hohnerlein unterscheidet drei Strategien: das Zweiverdienermodell, die Gleichwertigkeit von Erwerbs- und Familienarbeit sowie die gezielte Umverteilung von Familienarbeit auf Männer.

seiner Ausrichtung änderte, sondern mehr Spielraum für die Pluralität weiblicher Lebensformen ließ[37].

Am Ende jener Formierungsphase der Geschlechterregimes waren beide Länder beim Typus eines „moderaten Ernährermodells“ angekommen[38]. Nach wie vor blieb der Mann der Versorger in Ehe und Familie. Am männlichen Leitbild mit seiner ununterbrochenen, aufstiegsorientierten Vollzeiterwerbstätigkeit wurde nicht gerüttelt. Ansätze dazu, die Familienpflichten zwischen den Geschlechtern neu zu verteilen, finden sich in dieser Zeit in der sozialpolitischen Debatte kaum, ebenso wenig wie Überlegungen, die Männer von der wirtschaftlichen Hauptverantwortung für die Familie zu entlasten und das Arbeitsmodell des „Normalerwerbstätigen“ zu modifizieren. Hier wird ein charakteristischer Modus des Wandels der sozialstaatlichen *gender regimes* deutlich, bei dem sich die Rolle der Frau, flankiert durch sozialstaatliche Maßnahmen, veränderte, während die Rolle des Mannes weitgehend unverändert blieb.

Die Ähnlichkeit der geschlechterpolitischen Entwicklung in der Bundesrepublik und in Großbritannien bis in die 1970er Jahre hat die Forschung erstaunt, denn die vergleichende Sozialstaatsforschung ordnete die beiden Länder unter Verweis auf die Typologie Gøsta Esping-Andersens zwei unterschiedlichen Grundmodellen zu: Das britische System gehörte demnach zum liberalen Typus des Sozialstaats, in dem das *flat-rate*-Prinzip und der Bedürftigkeitsbezug eine zentrale Rolle spielen, während das konservative bundesdeutsche System dazu tendierte, den sozialen Status im Sicherungssystem zu reproduzieren[39]. Lag die Entwicklung in der Bundesrepublik durchaus im Erwartungshorizont von Esping-Andersens Modell, so verhielt es sich mit dem britischen Fall anders. Dass in beiden Ländern Geschlecht eine ähnlich signifikante Bedeutung für die soziale Sicherung hat, konnte Esping-Andersens Typologie in ihrer ursprünglichen Fassung nicht erklären[40]. Die geschlechtersensible Sozialstaatsforschung, die vor allem in Groß-

[37] Vgl. Birgit Pfau-Effinger, Kultur und Frauenerwerbstätigkeit in Europa. Theorie und Empirie des internationalen Vergleichs, Opladen 2000, S. 144f.

[38] Vgl. dazu die Typologie von Jane Lewis und Ilona Ostner (Gender and the Evolution of European Social Policies, ZeS-Arbeitspapier Nr. 12/1994, Berlin 1994), die die Frage nach der sozialen Sicherung von *care*-Arbeit in den Mittelpunkt stellt.

[39] Vgl. Gøsta Esping-Andersen, The Three Worlds of Welfare Capitalism, London 1990.

[40] Gøsta Esping-Andersen (Social Foundations of Postindustrial Economies, Oxford 1999) hat auf diese Kritik reagiert und seine Analysekategorien um das Konzept des Familialismus und der Defamilialisierung erweitert.

britannien auf eine lange Tradition zurückblicken kann, übte daher auch scharfe Kritik daran. Offenbar bildete das Geschlechterleitbild einen starken Gestaltungsfaktor, der auch in den unterschiedlichen wohlfahrtsstaatlichen Modellen zu ähnlichen *gender regimes* führte.

Wo die Historiographie auf den Nationalstaat bezogen bleibt, deutet sie die Entwicklung des Sozialstaats in der Regel aus der Binnenlogik der entsprechenden eigenen Debatten mit ihren unterschiedlichen Wahrnehmungs- und Entscheidungsverfahren. So stand in England traditionell die Frage der Armut im Mittelpunkt. Das Problem sollte anfangs allerdings primär durch Zahlungen, etwa an die Teilgruppe der alleinerziehenden Mütter, und nicht durch eine grundlegende Reform der Geschlechterordnung gelöst werden. So lässt sich erklären, dass die Wende im britischen Pensionssystem erst Mitte der 1970er Jahre stattfand. In der Bundesrepublik hingegen hatte man im Zuge der Debatte um Teilzeitarbeit für Frauen vergleichsweise früh eine vorläufige Lösung gefunden, die die traditionelle Geschlechterordnung mit der Tatsache, dass viele Ehefrauen und Mütter erwerbstätig waren, in einen gewissen Einklang brachte, ohne freilich an den Grundfesten des *gender regimes* zu rühren.

Fragt man nach übergreifenden Faktoren, die in beiden Ländern gleichermaßen wirksam waren, dann fällt der Blick auf die Veränderung soziokultureller Verhältnisse. Der „Pillenknick" in der Geburtenentwicklung, der „Scheidungsboom" und die steigende Zahl berufstätiger Mütter erweckten bei den Zeitgenossen den Eindruck, als ob die „goldene Zeit der Familie" vorüber sei und immer weniger Frauen bereit seien, sich ausschließlich Haushalt und Familie zu widmen. Sozialpolitisch alarmierend war dies vor allem deshalb, weil damit die Pflege- und Versorgungsarbeit, die Hausfrauen tagtäglich unentgeltlich verrichteten, wegzubrechen drohte – eine Ressource, auf die die Gesellschaft angewiesen war.

Mehr noch, diese Veränderungen erschütterten das gesamte bisherige Leitbild mit seiner klaren Aufteilung der Verantwortlichkeit in die Berufssphäre, die den Männern zugeordnet war, und die Familiensphäre, für die die Frauen verantwortlich waren: In der Berufswelt gab es neben den „Normalerwerbstätigen" immer mehr Ehefrauen und Mütter, die die Normalität des bisherigen männlich geprägten Leitbildes in Frage stellten. Auch im Privaten brachen die Rollen auf: Wenn die Berufssphäre nicht mehr ausschließlich die Domäne des Ehemannes und Vaters war, vielmehr das Einkommen der Ehefrau und Mutter ein wichtiger Beitrag zum Haushaltsbudget wurde, dann musste sich früher oder später die Frage stellen, ob die Familienaufgaben weiterhin allein Sache der Frauen bleiben konnten. Warum, so fragten etwa Frauenverbände, hatten nur Frauen eine Doppelbelastung, warum stellte sich nicht auch bei Männern die Vereinbarkeitsfrage[41]?

Es würde jedoch zu kurz greifen, die sozialpolitischen Entwicklungsprozesse lediglich als Reaktion auf veränderte äußere Verhältnisse zu deuten. Sie müssen gleichzeitig in die längerfristigen Diskussionen über Geschlechtergerechtigkeit im Sozialstaat eingeordnet werden. Wenn sich in den 1960er und 1970er Jahren das Leitbild der Geschlechterordnung neu konfigurierte beziehungsweise alte Arrangements neu begründet wurden, dann war das nicht nur ein Reflex auf akute soziale Wandlungsprozesse, sondern erklärt sich in gewissem Maße auch daraus, dass der Sozialstaat seine inneren Funktionslogiken und Gerechtigkeitsmodelle neu justierte. Er reagierte damit nicht selten auf Forderungen nationaler und internationaler Gerichte, die neue Gerechtigkeitsstandards anmahnten. Versteht man den Sozialstaat als eine Institution zum Ausgleich marktbedingter Ungleichheiten, die gesellschaftlich nicht akzeptiert sind, dann avancierte die Ungleichheit der Geschlechter in den 1960er und 1970er Jahren zumindest in einigen Bereichen von einer zuvor akzeptierten (und geförderten) zu einer nicht akzeptierten Kategorie sozialer Ungleichheit.

Bei aller Ähnlichkeit der Entwicklung in der Bundesrepublik und in Großbritannien muss aber doch auf einen wichtigen Unterschied hingewiesen werden: Auch wenn ähnliche Leitbilder galten, bewegten sich die sozialstaatlichen Leistungen auf ganz unterschiedlichem Niveau. In der Bundesrepublik war die Rentenhöhe am bisherigen Einkommen orientiert und sollte den Lebensstandard erhalten, in Großbritannien zielte man dagegen darauf, das Existenzminimum zu sichern. England erreichte damit eine größere Gleichheit der Geschlechter – allerdings vor allem deswegen, weil auch Männer mit einem niedrigen Sicherungsstandard zufrieden sein mußten. In Großbritannien gab es damit – zugespitzt gesagt – größere Gleichheit in größerer Armut.

---

41 Vgl. Karin Böke, Das Doppel-Leben der Frau: natürlich anders und rechtlich gleich. Frauenpolitische Leitvokabeln, in: dies./Frank Liedtke/Martin Wengeler (Hrsg.), Politische Leitvokabeln der Adenauer-Ära, Berlin/New York 1996, S. 211–278.

4. Dauerhafte Weichenstellung? Ein Ausblick auf die 1980er Jahre und die aktuelle Diskussion

Lassen sich in der Formierungsphase gewisse – wenn auch zeitlich etwas versetzte – Parallelen beim Wandel des britischen und des bundesdeutschen *gender regimes* erkennen, so zeigen sich seit Ende der 1970er Jahre Differenzen in der Entwicklung. In Großbritannien wurde die Wirkung der Rentenreform, die Mitte der 1970er Jahre beschlossen worden war und 1978 in Kraft trat, schon bald wieder abgeschwächt. 1979 übernahm Margaret Thatcher die Regierung und legte den Schwerpunkt wieder nachdrücklich auf private Altersvorsorge. Die Basisversicherung wurde schon ab Anfang der 1980er Jahre stark entwertet, die staatliche lohnbezogene Zusatzrente Mitte der 1980er Jahre gekürzt und an höhere Auflagen gebunden, die sich vor allem für Frauen mit Familie negativ auswirkten. Daher war ihre ursprüngliche, geschlechterpolitisch wegweisende Wirkung bald verblasst[42]. Die privaten und betrieblichen Renten konnten den rapiden Abbau der staatlichen Systeme kaum auffangen. In der Bundesrepublik hatten die Reformen der 1960er und 1970er Jahre hingegen längerfristig Bestand. Mitte der 1980er Jahre wurden Erziehungsurlaub und Erziehungsgeld sowie Babyjahre in der Rentenversicherung eingeführt[43] – ein Trend, der sich 1995 fortsetzte, als die Pflegeversicherung in Kraft trat, die nicht nur finanziellen Ausgleich für Pflege schuf, sondern auch dafür sorgte, dass Pflegeleistungen auf die Rente angerechnet wurden.

Wichtige Teile der Reformen des *gender regimes* – beispielsweise die Rentenreform in Großbritannien und die Einführung von Erziehungsurlaub und Erziehungsgeld in der Bundesrepublik – fielen in wirtschaftliche Krisenzeiten nach dem Ölpreisschock. Dies gilt als ein wichtiger Grund dafür, dass die Reformvorhaben nicht in selbem Maße umgesetzt werden konnten wie etwa in Schweden, wo die Einführung einer Elternversicherung schon in den 1960er Jahren begann, als eine wirtschaftliche Hochkonjunktur umfassende Sozialreformen erlaubte[44]. Die wirtschaftliche Austerität schuf vor allem in Großbritannien den Rahmen für Stagnation und manchen Rückschritt in der Ära Thatcher.

Das britische Beispiel zeigt aber auch, dass sich die wirtschaftliche Situation nicht unbedingt nur negativ auf die Dynamik der Refor-

---

[42] Vgl. Ginn, Gender, S. 15.

[43] Vgl. Scheiwe, Soziale Sicherungsmodelle, S. 139.

[44] Kolbe, Elternschaft, S. 406.

men auswirken musste. Im britischen Pensionssystem, das sich nicht nur auf die staatliche Grundsicherung, sondern traditionell auch auf eine starke betriebliche und private Säule stützte, öffnete die Krise beispielsweise ein politisches Fenster für eine stärkere staatliche Beteiligung, die sowohl seitens der *Labour*-Regierung als auch von Arbeitgebern wie Arbeitnehmern unterstützt wurde. So modifizierte die britische Regierung 1975 in einer Zeit, in der die Zahl der privaten Zusatzrenten stagnierte und das System finanziell in Schwierigkeiten geriet, die Rentenordung. Dadurch wuchsen die politischen Gestaltungsmöglichkeiten, was nicht zuletzt zu einer stärkeren Betonung der Geschlechtergerechtigkeit genutzt werden konnte[45]. Gleichzeitig wirft die Entwicklung ein Schlaglicht auf ein weiteres Charakteristikum des britischen Sozialstaats: Anders als in der Bundesrepublik mit ihren zahlreichen Vetospielern war es hier aufgrund des zentralistischen Regierungssystems vergleichsweise einfach, sozialpolitisch weitreichende Veränderungen zu initiieren – allerdings auch, sich wenig später wieder davon zu verabschieden.

Ein Ausblick auf die Entwicklung seit den 1990er Jahren zeigt eine Reihe von Reformen, die geschlechterpolitisch neue Signale setzten. Etwa ab Mitte der 1990er Jahre setzte ein Wandel in den Rentensystemen beider Länder ein, der zu einer Annährung führte. So wurde in England der öffentliche Sektor gestärkt, während die Bundesrepublik private und betriebliche Elemente neben dem staatlichen Versicherungssystem ausbaute. In beiden Ländern waren die Umstellungen mit einer gezielten Verbesserung der Lage der Frauen in der sozialen Sicherung verbunden. Geschlechterpolitisch besonders hervorzuheben ist dabei die Etablierung einer (bedürftigkeitsgeprüften) Mindestrente über dem Sozialhilfeniveau in beiden Ländern, die vor allem jene Frauen von einem männlichen Versorger unabhängig macht, die keine eigenen existenzsichernden Pensionsansprüche aufbauen konnten. Diese Garantie des Existenzminimums gilt als ein substanzieller Schritt, um Altersarmut von Frauen künftig zu verhindern[46]. Offenbar verläuft also die Entwicklung von Sozialpolitiken in Zeiten zunehmender

---

[45] Vgl. zu dieser ökonomischen Perspektive Hannah, Inventing Retirement, insbesondere S. 62.

[46] Vgl. Traute Meyer/Birgit Pfau-Effinger, Die Geschlechter-Dimension in der Restrukturierung von Rentensystemen – Deutschland und Großbritannien im Vergleich, in: Harald Künemund/Klaus R. Schroeter (Hrsg.), Soziale Ungleichheiten und kulturelle Unterschiede in Lebenslauf und Alter. Fakten, Prognosen und Visionen, Wiesbaden 2008, S. 105–125, hier S. 120.

Globalisierung nicht immer nur als *race to the bottom*, auch wenn man nicht vergessen darf, dass es sich bei der Grundrente lediglich um eine Absicherung des unteren Randes der Altersversorgung handelt.

Sozialstaatsbereiche jenseits der Rente tendieren in den letzten Jahren vielfach dazu, alle Erwachsenen unabhängig von Familienstand und Pflegepflichten für erwerbsfähig zu erklären. In der Bundesrepublik zeigt sich diese Entwicklung beispielsweise in den sogenannten Hartz-Reformen (insbesondere in den Paketen „Hartz III" und „Hartz IV") zur Arbeitsförderung und Sozialhilfe, die das Ernährer-Hausfrau-Modell erheblich schwächen[47]. Haushaltspflichten sind im Gesetzestext nicht mehr berücksichtigt, Kindererziehung nur, wenn die Erziehung durch die Erwerbstätigkeit der Mutter gefährdet wäre, was aber in der Regel nicht für Kinder ab drei Jahren gilt, die in einer Tagesstätte betreut werden können[48]. Die britische Regierung veränderte ebenfalls ihre Sozialleistungen und erhöhte den Druck auf Alleinerziehende, eine Erwerbstätigkeit aufzunehmen.

Hinter diesen Reformen ist der generelle Trend zu einem *adult worker-model* erkennbar. Männer und Frauen gelten demnach gleichermaßen als „Normalarbeiter", finanziell unabhängig, aber auch ganz für sich selbst verantwortlich. Die Sozialpolitiker können mit diesem neuen Modell gut leben, denn da die Erwerbssphäre der traditionelle Anknüpfungspunkt für den Sozialstaat ist, kann das bisherige Regelungssystem bestehen bleiben und entlang seiner inneren Logik ausgebaut beziehungsweise modifiziert werden. Mit diesem Leitbild wird auf der einen Seite eine wichtige Forderung nach der Gleichstellung von Frauen und Männern aufgegriffen, da es in der Theorie keine gegenseitige Abhängigkeit zwischen den Ehepartnern mehr gibt. Allerdings hat das Modell in seiner Reinform eine schwerwiegende Schwäche: Es übersieht, dass Arbeitnehmer häufig neben ihrer Erwerbstätigkeit auch unbezahlte Haus- und Pflegearbeit leisten müssen. Die „strukturale Rücksichtslosigkeit von Wirtschaft und Staat gegenüber dem Tatbestand der Elternschaft"[49] ist im a*dult worker-model* deutlich spürbar. Kinderbetreuung und die Versorgung bedürftiger Angehöriger sind Leerstellen im *adult worker-model*, das deshalb von der geschlechtersensiblen Sozial-

---

[47] Vgl. dazu Stephan Lessenich, Die Neuerfindung des Sozialen. Der Sozialstaat im flexiblen Kapitalismus, Bielefeld 2008.

[48] Vgl. Scheiwe, Soziale Sicherungsmodelle, S. 141f.

[49] Franz-Xaver Kaufmann, Zukunft der Familie im vereinigten Deutschland. Gesellschaftliche und politische Bedingungen, München 1995, S. 11.

staatsforschung auch scharf kritisiert wird. Denn nach wie vor sind es vor allem Frauen, deren Leben wegen Mutterschaft und Familienarbeit nicht nach dem Ideal eines „normalen“ *adult worker* verläuft[50]. Die Bundesrepublik und Großbritannien gehören beide zu den Ländern, die sich am *adult worker-model* in einer modifizierten Fassung orientieren. Als die Bundesregierung Ende der 1990er Jahren einen erneuten Anlauf zum Umbau des sozialstaatlichen *gender regimes* unternahm, wählte sie das niederländische Modell als Vorbild, wo man statt einer vollständigen Einbindung aller Erwachsenen in den Arbeitsmarkt eine allgemeine, geschlechtsübergreifende Kombination von Erwerbs- und *care*-Arbeit verfolgte[51].

Seit Mitte der 1990er Jahre kam es in beiden Ländern auch zu einem deutlichen Ausbau der Kinderbetreuungseinrichtungen. In Deutschland haben Kinder ab dem dritten Lebensjahr seit 1996 sogar einen Rechtsanspruch auf einen Kindergartenplatz. Das sozialstaatliche Engagement in der öffentlichen Kinderbetreuung markiert einen Richtungswechsel in der Politik beider Länder. Anstelle der bis dahin vorherrschenden Dominanz von Transferzahlungen investierte man nun auch in entsprechende Infrastrukturen. Einen neuen Akzent setzte in der Bundesrepublik 2007 auch die Große Koalition mit der Einführung des Elterngelds als einkommensbezogene Leistung für Familienarbeit. Diese Initiative bedeutete eine entscheidende Zäsur, weil damit erstmals in der Geschichte des deutschen Sozialstaats das Prinzip des Statuserhalts auch im Bereich der Sicherung familiärer Arbeit zur Geltung kam, indem die Höhe des Elterngelds vom vorherigen Einkommen abhängig gemacht wurde.

Verbesserte öffentliche Kinderbetreuungs- und Pflegeangebote und eine höhere finanzielle Anerkennung für *care*-Arbeit bilden einen wichtigen Beitrag, damit Familie und Beruf besser zu vereinbaren sind. Allerdings sind diese Reformen fast ausschließlich auf die Doppelrolle der Frauen als Familien- und Erwerbsarbeiterinnen bezogen. Was hingegen weiterhin ein Desiderat bleibt, ist eine „fundamentale Transformation des männlichen Beschäftigungsmodells“[52]. Für einen konsequenten Wandel unter dem Vorzeichen

---

50 Kritisch zum *adult worker-model* Jane Lewis, Gender and Welfare in Modern Europe, in: Past and Present, Supplement 1/2006, S. 39–54.

51 Zur Übernahme des niederländischen Modells vgl. Trude Knijn, Was kommt als nächstes? Dilemmas in einer Zeit nach dem Familienernährermodell, in: WSI-Mitteilungen 44 (2002), S. 184–189.

52 Lewis, Gender and Welfare, S. 53.

eines modifizierten *adult worker-models* müssten neben die Verbesserungen im *care*-Bereich grundlegende Reformen in der Arbeitswelt treten, kurz: eine gleichstellende Umverteilung von *cash* und *care* zwischen den Geschlechtern[53].

---

[53] Vgl. dazu Nancy Fraser, Die halbierte Gerechtigkeit, Frankfurt a.M. 2001.

Lutz Leisering, Christian Marschallek

Zwischen Wohlfahrtsstaat und Wohlfahrtsmarkt

Alterssicherung und soziale Ungleichheit

1. Zwei Länder – ein Problem

Arbeitsgesellschaften weisen den Alten einen Platz außerhalb der Kerninstitution Arbeitsmarkt zu. Im Zuge der Entwicklung staatlicher Sozialpolitik in westeuropäischen Ländern nach dem Zweiten Weltkrieg wird der Status der Alten zunehmend durch öffentliche Einrichtungen geprägt. Die Beziehungen zwischen jung und alt werden zu einem Problem kollektiver Umverteilung[1]. In diesem Beitrag fragen wir, wie in unterschiedlichen Grundmodellen westeuropäischer Wohlfahrtsstaatlichkeit – dem liberalen britischen und dem konservativen deutschen[2] – in der Nachkriegszeit mit dem Problem der Einkommensungleichheit in der Altersdimension umgegangen wurde.

Die Bundesrepublik Deutschland und Großbritannien geben ganz unterschiedliche Antworten auf dieses Problem. In beiden Ländern fanden nach dem Zweiten Weltkrieg einschneidende Reformen und Weichenstellungen in der öffentlichen Alterssicherung statt[3]. Die britische staatliche Alterssicherung ist egalitär auf sehr niedrigem Niveau – in Form der auf Beveridge[4] zurückgehen-

1 Vgl. Franz-Xaver Kaufmann, Verschärfung des Generationenproblems, in: Gerfried W. Hunold/Wilhelm Korff (Hrsg.), Die Welt für morgen. Ethische Herausforderungen im Anspruch der Zukunft, München 1986, S. 218–228.

2 Vgl. Gøsta Esping-Andersen, The Three Worlds of Welfare Capitalism, Princeton (N.J.) 1990. Zu dieser Einteilung vgl. auch die Einführung zu diesem Band.

3 Vgl. in vergleichender Perspektive Hans Günter Hockerts, German Post-War Social Policies Against the Background of the Beveridge Plan, in: Wolfgang J. Mommsen unter Mitarbeit von Wolfgang Mock (Hrsg.), The Emergence of the Welfare State in Britain and Germany 1850–1950, London 1981, S. 315–339; zum allgemeinen Vergleich der Alterssicherung in beiden Ländern vgl. Jochen Clasen, Reforming European Welfare States. Germany and the United Kingdom Compared, Oxford 2005, und Jay Ginn/Uwe Fachinger/Winfried Schmähl, Reformen der Alterssicherung und der sozioökonomische Status Älterer in Großbritannien und Deutschland, Bremen 2007 (ZeS-Arbeitspapier Nr. 4/2007).

4 Vgl. William Beveridge, Social Insurance and Allied Services, London 1942.

den, 1946 eingeführten staatlichen Basissicherung mit darauf aufbauender freiwilliger Eigenvorsorge. Dagegen setzte die deutsche Politik 1957 auf staatliche Sicherung von Statusordnungen bei begrenzter privater Vorsorge – durch Dominanz der lohnbezogenen Rente für Arbeiter und Angestellte und durch eine berufsständische Differenzierung der Alterssicherungssysteme. Die unterschiedlichen Modelle geben die britische Tradition der „Armenpolitik“ und die deutsche Tradition der „Arbeiterpolitik“ zu erkennen.

Ein wesentlicher Unterschied zwischen den Ländern liegt darin, dass „Wohlfahrtsmärkte“, also private Märkte für soziale Güter, in Großbritannien traditionell eine größere Rolle spielen. In der deutschen Alterssicherung erhielt private Vorsorge erst durch die Reformen von 2001 (Riester-Reform) und 2004 einen hervorgehobenen Stellenwert. Wenn wir nach dem Umgang nationaler Alterssicherungspolitiken mit Ungleichheit fragen, wollen wir daher – anders als das Gros der Literatur – das Gesamtarrangement der staatlichen, marktlichen wie auch betrieblichen Wohlfahrtsquellen betrachten.

Im Folgenden untersuchen wir, durch welche politischen und institutionellen Arrangements das Ungleichheitsproblem in der Alterssicherung in den beiden Ländern definiert und bearbeitet wurde. Wir rekonstruieren, wie sich die Ausgangsmodelle der Bearbeitung von Ungleichheit in beiden Ländern bewährten. Reformen deuten wir als Indikatoren für Probleme des jeweiligen Systems. Im Fazit resümieren wir Unterschiede und Gemeinsamkeiten der beiden Länder in Hinblick auf den politischen Umgang mit sozialer Ungleichheit im Alter[5].

2. Alterssicherung als Konstituierung von Ungleichheitsräumen

Weder der deutsche noch der britische Wohlfahrtsstaat ist primär auf Gleichheit orientiert. Gemäß der viel rezipierten Typologie von Esping-Andersen[6] dominieren im liberalen britischen Modell der Markt und die Freiheitsidee, verbunden mit der Akzeptanz eines

---

[5] Der vorliegende Beitrag ist ein Ergebnis des DFG-Forschungsprojekts „Der regulierende Wohlfahrtsstaat. Staatliche Regulierung der betrieblichen und privaten Altersvorsorge in Europa“ (kurz REGINA; Projektleitung Lutz Leisering, Ulrike Davy; www.uni-bielefeld.de/soz/regina). Wir danken Hans Günter Hockerts, der durch seine Vortragseinladung und ein Konzeptpapier zu einer Sektion des Dresdener Historikertags einen wesentlichen Anstoß für den vorliegenden Beitrag gab.
[6] Vgl. Anm. 2.

hohen Maßes von Ungleichheit und Unsicherheit. Für Deutschland postuliert Esping-Andersen dagegen ein starkes Gewicht von Staat und Familie und die Dominanz der Sicherheitsidee. In beiden Fällen wird Gleichheit anderen Werten untergeordnet: Im einen Fall der Freiheit, im anderen der Sicherheit. Wohlfahrtsstaatlichkeit zielt zwar nicht auf Gleichheit, aber auf die *Begrenzung* von Ungleichheit. Aber Sozialpolitik begrenzt Ungleichheiten nicht nur, sondern sie kann bestehende Ungleichheiten auch verfestigen oder gar neue schaffen.

Soziale Ungleichheit kann mit statistischen Größen gemessen werden. In diesem Beitrag fragen wir jedoch nach politischen Wahrnehmungen und Entscheidungen sowie nach den institutionellen Strukturen, die hinter diesen statistischen Größen stehen. Als Ungleichheitsräume bezeichnen wir politisch-institutionelle Verteilungsordnungen unter dem Aspekt der Gleichheit/Ungleichheit: die Zugangsregeln, die Leistungsnormen, die Implementationsformen und die Finanzierungsmodi von Wohlfahrtsinstanzen, soweit sie politische Ziele und Annahmen in Bezug auf Gleichheit und Ungleichheit gesellschaftlicher Ressourcenverteilung spiegeln. Wir sprechen von Räumen, um die Mehrdimensionalität ungleichheitsrelevanter Merkmale zu betonen und um so die Koexistenz gleichheitsorientierter und ungleichheitsorientierter Aspekte von Verteilungsordnungen zu erfassen. Auch öffentliche Alterssicherungssysteme haben Konstruktionsmerkmale, die teils auf Gleichheit, teils auf Ungleichheit hinwirken. Umgekehrt können private Vorsorgemärkte neben den markttypischen Ungleichheiten auch Elemente sozialen Ausgleichs enthalten, sofern sie entsprechend staatlich reguliert sind.

Schließlich hat altersbezogene Ungleichheit zwei Dimensionen, die unabhängig voneinander variieren können: Sie kann sich zum einen auf die Lage der Alten im Verhältnis zur Lage der Jungen beziehen (Inter-Gruppen-Ungleichheit), zum anderen auf Ungleichheit innerhalb der Gruppe der Alten (Intra-Gruppen-Ungleichheit). In Bezug auf beide Ungleichheitsaspekte kann die Politik unterschiedliche Ziele verfolgen[7]. Sie kann Ungleichheitsräume öffnen, also Ungleichheit erzeugen oder zulassen, aber auch einhegen, also begrenzen und strukturieren.

---

[7] Vgl. Jürgen Kohl, Alterssicherung im internationalen Vergleich. Analysen zu Strukturen und Wirkungen der Alterssicherungssysteme in fünf westeuropäischen Ländern, Habilitationsschrift, Bielefeld 1994; Uwe Fachinger/Winfried Schmähl/Rainer Unger, Zielvorstellungen in der Alterssicherung: Konkretisierung, Operationalisierung und Messung als Grundlagen für normative Aussagen, in: Deutsche Rentenversicherung 63 (2008), S. 180–214.

3. Ungleichheitsräume im deutschen Sozialstaat

Bis 1957 waren Renten aus der gesetzlichen Rentenversicherung lediglich Ergänzungen des Alterseinkommens, das aus eigener Erwerbstätigkeit, innerfamiliären Transfers oder betrieblichen Leistungen bezogen wurde. Die betriebliche Altersvorsorge galt damals noch als Teil der Sozialpolitik und war Gegenstand staatlicher Regulierung[8]. Die Rentenreform von 1957[9] eröffnete einen neuen, (para-)staatlichen Ungleichheitsraum, da Versicherungsrenten nun zur Hauptquelle des Alterseinkommens avancierten, während der Ungleichheitsraum privater Vorsorge wesentlich reduziert wurde[10]. Damit wurde das Alter zu einem dominant staatlich konstituierten Ungleichheitsraum, dessen Strukturierung als „berufsständisch" (im Sinne von Esping-Andersens Begriff des konservativen Wohlfahrtsregimes) jedoch unzureichend beschrieben ist. Vielmehr wurde in der von beiden großen Parteien getragenen Reform der politisch „zentristische" Charakter des deutschen Nachkriegssozialstaats[11] greifbar: Die durch die Reform geschaffene Ordnung verband ausgeprägt liberale, soziale, konservative und anti-liberale Elemente. Ein komplexes Gefüge von Ungleichheitsordnungen entstand. Im Einzelnen waren dies:

- Die Intra-Gruppen-Ungleichheit im staatlichen Raum: Die Reform führte das Prinzip der Lebensstandardsicherung ein und stellte diese Norm durch die Dynamisierung der Leistungen – regelmäßige Erhöhung der Neu- wie der Bestandsrenten gemäß der Lohnentwicklung – auf Dauer. Die Norm implizierte eine Übertragung der Ungleichheitsverhältnisse am Arbeitsmarkt in das Alter, konstituierte also eine Intra-Gruppen-Ungleichheit, die durch Formeln wie „lohnbezogene Rente" und „Äquivalenz" beschrieben und durch das Prinzip der Leistungsgerechtigkeit legitimiert wurde. Dies war ein starkes liberales Element der Reform und wurde als angemessene Form für die moderne Industriegesellschaft verstanden[12]. Martin Kohli sah in der Rente

[8] Vgl. Frank Berner, Der hybride Sozialstaat. Die Neuordnung von öffentlich und privat in der sozialen Sicherung, Frankfurt a.M. 2009.

[9] Vgl. dazu Hans Günter Hockerts, Sozialpolitische Entscheidungen im Nachkriegsdeutschland. Alliierte und deutsche Sozialversicherungspolitik 1945 bis 1957, Stuttgart 1980.

[10] Regelungen zur Befreiung von der Versicherungspflicht bei Angestellten führten aber kurzfristig zu einem Boom der Lebensversicherungsbranche (s. Hockerts, Sozialpolitische Entscheidungen, S. 376).

[11] Vgl. Manfred G. Schmidt, Sozialpolitik in Deutschland. Historische Entwicklung im internationalen Vergleich, Wiesbaden [3]2005, S. 220.

[12] Vgl. Wilfried Schreiber, Existenzsicherheit in der industriellen Gesellschaft. Vorschläge zur „Sozialreform", Köln 1955.

ein gerechtes Abgelten einer Lebensleistung als Teil der Moralökonomie der Arbeitsgesellschaft[13].

– Die Einhegung des staatlichen Ungleichheitsraums: Der staatlich konstituierte und arbeitsmarktlich geprägte Ungleichheitsraum der gesetzlichen Rentenversicherung wurde nicht „roh" belassen, sondern zugleich eingehegt. Denn die neue Alterssicherung war – in scharfem Kontrast zur britischen Rentenreform von 1959 – als Sozialversicherung mit systematischen Abweichungen vom Äquivalenzprinzip konzipiert. Erstens wurden Elemente sozialen Ausgleichs eingeführt: beitragsfreie Zeiten, eine Hinterbliebenenversorgung, die „Rente nach Mindesteinkommen" (ab 1972) sowie gleiche Beiträge für Frauen trotz höherer Lebenserwartung („Unisex-Tarife"). Die Selektivität der sozialen Begünstigungen erzeugte allerdings sekundäre Ungleichheiten und begünstigte etwa Personen mit längeren Bildungszeiten. Sozial einhegend wirkte zweitens der Zwangscharakter der Versicherung, weil dadurch Ungleichheit zwischen Versicherten und Personen, die aufgrund biographischer „Kurzsichtigkeit" auf eine freiwillige Versicherung verzichtet hätten, verhindert wurde. Eine soziale Einhegung erfolgte drittens durch die Definition von Leistungsstandards in Form von „Rentenanwartschaften", also (fiktiver) individueller Rentenkonten, statt einer Rente nach Haushaltslage des Staates. Eine weitere massive Einhegung von Ungleichheit – zwischen aufeinander folgenden Geburtskohorten – liegt viertens im „intergenerationalen Lastenausgleich", den die gesetzliche Rentenversicherung implizit bewirkt[14]: Das Renteneinkommen wurde von Schwankungen rentenrelevanter gesellschaftlicher Parameter wie der Altersstruktur oder der Erwerbsquote entkoppelt. Erst diese Entkopplung machte verlässliche Rentenanwartschaften möglich. Der intergenerationale Lastenausgleich wird durch die Finanzierung im Umlageverfahren realisiert, das geringeren kurzfristigen Schwankungen ausgesetzt ist als private Finanzmärkte. Wachsende Ausgaben infolge

---

[13] Vgl. Martin Kohli, Moralökonomie und „Generationenvertrag", in: Max Haller/Hans-Joachim Hoffmann-Nowotny/Wolfgang Zapf (Hrsg.), Kultur und Gesellschaft, Frankfurt a.M./New York 1989, S. 532–555; vgl. auch Michael O'Higgins, Public/Private Interaction and Pension Provision, in: Martin Rein/Lee Rainwater (Hrsg.), Public/Private Interplay in Social Protection. A Comparative Study, New York/London 1986, S. 99–148, hier S. 107.

[14] Vgl. Gert Wagner, Umverteilung in der gesetzlichen Rentenversicherung, Frankfurt a.M./New York 1984; vgl. auch Lutz Leisering, Sozialstaat und demographischer Wandel. Wechselwirkungen, Generationenverhältnisse, politisch-institutionelle Steuerung, Frankfurt a.M. 1992, S. 221 ff.

mittel- und langfristiger Veränderungen rentenrelevanter Parameter glich man in diesem System durch Beitragssatzsteigerungen aus (ausgabenorientierte Einnahmenpolitik). Erst in den 1990er Jahren ging man zu einer einnahmenorientierten Ausgabenpolitik über: Die Festlegung von Beitragssatzobergrenzen zwang dazu, Ausgabensteigerung durch Leistungskürzungen abzufangen[15]. Mit Einführung des Nachhaltigkeitsfaktors in der Rentenreform 2004 erfolgt der bereits 1997 versuchte Übergang von einer Entkopplung zu einer kontrollierten Verkopplung des Rentenniveaus mit rentenrelevanten Parametern.

– Die Inter-Gruppen-Gleichheit: Das Prinzip der Lebensstandardsicherung implizierte – im krassen Unterschied zu Großbritannien – eine starke Inter-Gruppen-Gleichheitsnorm, verstanden als annähernde Gleichheit der Einkommen im Erwerbsalter und im Ruhestand. Diese Gleichheitsnorm wurde in der Selbstbeschreibung der Gesetzlichen Rentenversicherung als Lohnersatz formuliert und ebenfalls über die Dynamisierung der Renten im Zeitverlauf abgesichert: Die Rentner sollten an den Lohnzuwächsen der Erwerbstätigen beteiligt werden – eine kollektive Ankopplung an den Arbeitsmarkt neben der individuellen Ankopplung durch die lohnbezogene Rente.
– Die Schließung des Raums privater Vorsorge: Der durch die gesetzliche Rentenversicherung eröffnete staatliche Ungleichheitsraum implizierte die folgenreiche Einhegung eines anderen Ungleichheitsraums, nämlich des Marktes für private (betriebliche und individuell-private) Vorsorge. Zwar beließ die Beitragsbemessungsgrenze als „Friedensgrenze" zur privaten Vorsorge den Lebensversicherern ein Feld für geschäftliche Aktivitäten. Aber während die gesetzliche Rentenversicherung einen arbeitsmarktbasierten Ungleichheitsraum öffnete, wurde der Ungleichheitsraum privater Vorsorgemärkte deutlich begrenzt, weil die Beitragsbemessungsgrenze hoch angesetzt war. Insofern wies die Lösung von 1957 liberale wie illiberale Züge auf. Der Ungleichheitsraum privater Vorsorge wurde 1957 jedoch nur quantitativ begrenzt, nicht durch qualitative soziale Gestaltung eingehegt wie später in der Riester-Reform.

Im Gegenteil, private Vorsorge wurde in der Folge der Rentenreform 1957 als eine eigene Sphäre abgetrennt und nicht mehr zentral

---

[15] Vgl. Winfried Schmähl, Paradigm Shift in German Pension Policy: Measures Aiming at a New Public-Private Mix and their Effects, in: Martin Rein/Winfried Schmähl (Hrsg.), Rethinking the Welfare State. The Political Economy of Pension Reform, Cheltenham/Northampton 2004, S. 153–204.

zur Sozialpolitik gezählt[16]. Zwar war die staatliche Einflussnahme auf private Vorsorge, etwa die steuerliche Begünstigung von Lebensversicherungen, teilweise auch sozialpolitisch motiviert. Aber es entstanden getrennte, kommunikativ kaum miteinander verbundene *policy communities*, Expertengemeinschaften und wissenschaftliche Disziplinen, die sich entweder mit der gesetzlichen Rentenversicherung, mit betrieblicher oder mit individuell-privater Vorsorge beschäftigten. Entsprechend lagen die Kompetenzen in unterschiedlichen Ressorts wie Arbeits-, Finanz- und Wohnungsbauministerium. Zudem wurde in Maßnahmen wie der Bausparförderung und der Vermögensbildungsgesetzgebung noch nicht so scharf zwischen allgemeiner Vermögensbildung und spezifischer Vorsorge für das Alter unterschieden wie in der späteren Riester-Förderung. In Bezug auf die betriebliche Altersversorgung verfolgte die Politik in der Zeit zwischen der Rentenreform 1957 und der Riester-Reform 2001 eher unternehmenspolitische als soziale Ziele. Sozialpolitik wurde in dieser Hochzeit etatistisch gedachter Sozialstaatlichkeit tendenziell als eigenständige, von gesellschaftlichen Formen der Wohlfahrtsproduktion getrennte Sphäre definiert, so dass sich sozialpolitische Maßnahmen fortan auf die gesetzliche Rentenversicherung konzentrierten und die großen Ungleichheitsfragen primär in deren Rahmen thematisierten. Der Ungleichheitsraum privater Vorsorgemärkte rückte also auch kommunikativ an den Rand.

Die vier Jahrzehnte nach der Rentenreform von 1957 sahen den Abbau von wesentlichen Ungleichheiten, die durch das deutsche Alterssicherungssystem geschaffen oder doch verstärkt worden waren. So wurde die berufsständische Differenzierung abgeschwächt. Es kam zu einer Angleichung von Arbeiter- und Angestelltenrenten bis hin zur organisatorischen Verschmelzung der beiden Versicherungszweige im Jahre 2005. Die zunehmende anwartschaftssteigernde Berücksichtigung der Erziehungs- und Pflegerolle führte seit 1986 zur Abminderung der Ungleichheit zwischen den Geschlechtern.

Das 1957 begründete Prinzip der Lebensstandardsicherung avancierte erst in den 1970er und 1980er Jahren zu einem handlungsleitenden Aspekt der Alterssicherungspolitik und zu einem wichtigen Bestandteil des Selbstverständnisses der gesetzlichen Rentenversicherung[17]. Die großen Rentenreformen von 1972 und 1992 (letztere wurde 1989 verabschiedet) stellten das Prinzip nicht in Frage. Die Vorstellung, die gesetzliche Rentenversicherung könne

[16] Vgl. Berner, Hybrider Sozialstaat, S. 120–126.
[17] Vgl. ebenda, S. 118f.

den Lebensstandard sichern, war jedoch eine Fiktion, der die reale Rente nur in der Schönwetterphase des Sozialstaats entsprach und auch dann nur annäherungsweise und nicht für alle Versicherungsbiographien. So bekannte der ehemalige Bundesarbeits- und Sozialminister Walter Riester:

> „Ich war mir immer klar, dass die Sozialversicherungsrente von ihrer Konstruktion her und von ihrer ganzen Entwicklung her nie gedacht war als eine lebensstandardsichernde Gesamtversorgung. Da habe ich mich von Norbert Blüm sehr unterschieden, und eigentlich von den ganzen Sozialpolitikern, die immer dieses in den Raum gestellt haben."[18]

Diese bemerkenswerte Äußerung stammt von einem Politiker, der aus der gewerkschaftlichen Tarifpolitik kam, und daher Distanz zu den Deutungen der staatlichen Sozialpolitiker wie auch der „Sozialpolitiker" unter den Gewerkschaftern hatte. Mehr als diese war sich Riester immer der Relevanz der anderen, betrieblichen und individuell-privaten, Sicherungsformen für das Alter – und damit der Ungleichheit der Alterssicherung – bewusst.

Die Sicherungsfiktion trug also zur politischen Dethematisierung wesentlicher von der gesetzlichen Rentenversicherung generierter und belassener Ungleichheiten im Alter bei. Die Fiktionalisierung des Sicherungsziels fungiert insoweit als diskursive Einhegung sozialer Ungleichheit. Diese Fiktionalisierung brach erst in den 1990er Jahren auf. Entscheidend hierfür war die Öffnung der geschlossenen *policy community* der Rentenpolitiker, die bis in die frühen 1990er Jahre die Gestaltung der gesetzlichen Rentenversicherung dominierte. In der Legislaturperiode zwischen 1994 und 1998 veränderte sich der Diskurs der Alterssicherung. Grundannahmen der Rentenversicherung wurden in Frage gestellt und die (2001 vollzogene) Preisgabe der anspruchsvollen Gleichheitsnorm zwischen Alten und Nicht-Alten vorbereitet. Das immer häufigere Auftreten diskontinuierlicher Erwerbsbiographien, vor allem von Frauen und Langzeitarbeitslosen, problematisierte die Intra-Gruppen-Ungleichheitsnorm der gesetzlichen Rentenversicherung, die auf der Vorstellung von Leistungsgerechtigkeit für Normalerwerbsbiographien beruhte. Zudem wurde Generationengerechtigkeit neu definiert als Problem ungleicher Lebensbilanzen zwischen heutigen und zukünftigen Generationen („neue Generationengerechtigkeit", „Nachhaltigkeit"). Dies schwächte die Inter-Gruppen-Gleichheitsnorm, welche die Relation zwischen heute lebenden Altersgruppen betrifft.

---

[18] Interview am 16.2.2006, geführt von Lutz Leisering und Frank Berner.

Die 2001 verabschiedete und 2002 in Kraft getretene Riester-Reform markierte einen Wechsel vom Sozialversicherungsparadigma zum Mehrsäulenparadigma[19]. Die Vorstellung des Sozialen als eigene und primär staatliche Sphäre wurde zum Gesellschaftlichen hin geöffnet: zu Betrieben, Tarifbeziehungen und Vorsorgemärkten. Die beiden 1957 getrennten „Welten" der Alterssicherung – die öffentliche und die private – wurden wieder zusammengeführt, private Vorsorge wurde wieder „sozialpolitisiert"[20]. Die Riester-Reform veränderte sowohl die öffentliche als auch die private Alterssicherung und die damit verbundenen Ungleichheitsräume.

Was die öffentliche Alterssicherung angeht, so beschränkten die Riester-Reform und vor allem die Folgereform von 2004 die Leistungen der Rentenversicherung. Dadurch wurde der (para-)staatliche Ungleichheitsraum der Alterssicherung verändert. Die Norm der Intra-Gruppen-Ungleichheit – die lohnbezogene Rente – wurde beibehalten, aber sie hat in zweifacher Hinsicht an Plausibilität verloren: Aus der Perspektive von Versicherten mit diskontinuierlichen Erwerbsbiographien erscheint diese Norm delegitimiert. Zudem hat die Senkung des Renteniveaus zur Folge, dass die Rente häufiger als früher in die Nähe der Sozialhilfe- und Armutsgrenze rückt, wodurch die Ungleichheitsspanne gestaucht wird. Das den Lohnbezug der Rente legitimierende Prinzip der Leistungsgerechtigkeit wird schwächer abgebildet.

Tatsächlich ist die starke, in der Reform von 1957 fundierte Gleichheitsnorm zwischen Alten und Erwerbstätigen explizit gefallen, erstaunlicherweise ohne großes Spektakel. Das Rentenniveau wird schrittweise auf einen Wert gesenkt, der auch nicht annähernd als lebensstandardsichernd und lohnersetzend gedeutet werden kann. Die gesetzliche Rentenversicherung operiert heute in einem normativen Vakuum oder Niemandsland. Sie ist weder Lohnersatz, woraus sie früher ihre Legitimität bezog, noch kann und soll sie das Existenzminimum zuverlässig sichern, woraus sie potentiell eine neue Legitimität beziehen könnte (und sich der britischen Vorstellungswelt annähern würde). Neue Normen fehlen. So erodiert die

---

19 Vgl. Frank Bönker, Der Siegeszug des Mehrsäulenparadigmas in der bundesdeutschen Rentenpolitik, in: Zeitschrift für Sozialreform 51 (2005), S. 337–362.

20 Vgl. Lutz Leisering, Privatisierung der Alterssicherung als komplexe Ordnungsbildung. Zur Entstehung von Wohlfahrtsmärkten und regulativer Staatlichkeit, in: Ulrich Becker u.a. (Hrsg.), Alterssicherung in Deutschland. Festschrift für Franz Ruland zum 65. Geburtstag, Baden-Baden 2007, S. 189–219.

Legitimität der Rentenversicherung. Allerdings hat sich mit der Riester-Reform die Normsetzung von der gesetzlichen Rentenversicherung zum Gesamtsystem der Alterssicherung verschoben, das die Sozialhilfe und die anderen beiden Säulen, die betriebliche und die individuell-private Sicherung, einschließt.

So wurde zur Einhegung der absehbaren Wiederkehr der Armut im Alter ein Instrument gestärkt, das seit den 1970er Jahren in der Alterssicherungspolitik nur eine marginale Rolle gespielt hatte, die Sozialhilfe: Teil der Riester-Reform war die Einführung der Grundsicherung im Alter und bei Erwerbsminderung ab 2003. Dies ist eine Vorzugssozialhilfe, mit verminderter Vermögensanrechnung und weitgehendem Verzicht auf Angehörigenregress, die sich ansonsten nur symbolisch, durch die unterschiedliche Bezeichnung und verschiedene Türen im Amt, von der regulären Sozialhilfe unterscheidet. Die Sozialhilfe wurde damit zu einem Instrument der Alterssicherung, wie sie es in Großbritannien schon lange gewesen war. Auch die Einführung einer sozial regulierten privaten Vorsorge war ein Versuch, die durch die Beschneidung der gesetzlichen Rentenversicherung geschaffenen Ungleichheiten zumindest teilweise zu kompensieren und so im Gesamtsystem der Alterssicherung zu legitimieren. Selbst das Lebensstandardsicherungsziel sollte im Gesamtsystem erfüllbar sein (siehe unten). Die gescheiterte Rentenreform von 1997 unter Helmut Kohl und Norbert Blüm hatte es dagegen bei passiver Privatisierung ohne Kompensation durch eine sozial regulierte private Vorsorge belassen.

Indem die Riester-Reform die private Vorsorge stärkte – durch Absenkung der gesetzlichen Rente (passive Privatisierung) und durch Propagierung und Förderung der (meist individuell-) privaten Riester-Rente und der betrieblichen Eichel-Rente (aktive Privatisierung) –, eröffnete sie neue Ungleichheitsräume privater Vorsorgemärkte, die nun mehr Menschen betrafen und einen größeren Anteil an der Altersvorsorge beanspruchten. In der Folge wurde Ungleichheit im Gesamtarrangement der Alterssicherung vielschichtiger und kontingenter, weil neben die von der gesetzlichen Rentenversicherung erzeugten Ungleichheiten neue, systematische und akzidentelle Ungleichheiten und Unsicherheiten privater Vorsorge traten. Systematische Ungleichheiten ergeben sich vor allem durch Unterschiede bei der Vorsorgefähigkeit, vor allem nach Bildung und Einkommen. Akzidentelle Ungleichheiten kommen etwa durch individuell nicht beeinflussbare Marktvolatilitäten und durch Renditeunterschiede aufgrund verschiedenartiger Anlageprodukte und -strategien zustande. Diese Entwicklung wurde verstärkt durch den Wandel der betrieblichen Altersversorgung, die im Zuge der Reform stärker individualisiert und kommerzialisiert, also der individuell-privaten Sicherung ähnlicher wurde[21] (was in Großbritannien schon seit 1986 beobachtbar war). Innerbetriebliche und tarifvertragliche Gestaltungsspielräume bei der betrieblichen Altersversorgung konstituieren einen weiteren Ungleichheitsraum, der durch die Reformen verbreitert wurde. Der individuelle Status in diesem Raum hängt davon ab, ob und in welchem Betrieb man beschäftigt ist.

Mit der Öffnung des neuen privaten Ungleichheitsraums zielte die Politik zugleich auf dessen Einhegung, und zwar auf drei Wegen:

- Soziale Regulierung: Die hauptsächliche, operativ wie politisch-symbolisch wirksame Form der Einhegung ist die soziale Regulierung von Vorsorgemärkten[22]. In modernen Gesellschaften sind Märkte, auch Vorsorgemärkte, immer schon politisch-rechtlich strukturiert oder gar konstituiert. Seit 2001 lässt sich jedoch eine programmatisch auf sozialpolitische Ziele gerichtete Regulierung beobachten[23]. Dies beinhaltet die Entwicklung neuer Instrumente – so die personenbezogene Subventionierung privater Vorsorge nach Bedürftigkeitskriterien und die Zertifizierung förderungsfähiger Vorsorgeprodukte – wie auch die soziale Ausrichtung etablierter Instrumente, vor allem der Steuerpolitik. Das dürfte zur politischen Durchsetzbarkeit der Reform – nicht zuletzt in der SPD – beigetragen haben. Marktregulative Politik ist mit der Riester-Reform (wieder) zu einer wichtigen Form von Sozialpolitik geworden. Der sich in der Alterssicherung abzeichnende regulierende Sozialstaat bringt neue politische Projekte, neue Normen, neue Akteure und neue *policy communities* mit sich: Sozialpolitiker kooperieren enger mit Finanzpolitikern, so im neuartigen Projekt einer Angleichung der Besteuerung

---

[21] Vgl. Frank Berner, Steuerungsprobleme im regulierenden Wohlfahrtsstaat. Die Vermarktlichung und Individualisierung der betrieblichen Altersversorgung, in: Zeitschrift für Sozialreform 54 (2008), S. 391–417; Berner, Hybrider Sozialstaat, S. 247–259.

[22] Vgl. Frank Nullmeier, Sozialpolitik als marktregulative Politik, in: Zeitschrift für Sozialreform 47 (2001), S. 645–668; Lutz Leisering, From Redistribution to Regulation. Regulating Private Pension Provision for Old Age as a New Challenge for the Welfare State in Ageing Societies, Bielefeld ²2005 (REGINA Working-Paper Nr. 3); Frank Berner/Lutz Leisering/Petra Buhr, Innenansichten eines Wohlfahrtsmarkts. Strukturwandel der privaten Altersvorsorge und die Ordnungsvorstellungen der Anbieter, in: KZfSS 61 (2009), S. 56–89.

[23] Vgl. Lutz Leisering, Soziale Regulierung privater Altersvorsorge in Deutschland. Instrumente, Normen und ordnungspolitische Herausforderungen, in: Alterssicherung im Mehr-Säulen-System. Akteure, Risiken, Regulierungen, Berlin 2008, S. 59–73 (DRV-Schriften Bd. 80).

aller drei Säulen (Rentenreform 2004); private Anbieter und – in der betrieblichen Sicherung – die Gewerkschaften werden verstärkt alterssicherungspolitische Akteure; und Verbraucherschutz (an privaten Vorsorgemärkten) rückt in das Feld der Alterssicherungspolitik ein.

- Alterssicherungspolitik: Neben der herkömmlichen, auf die gesetzliche Rentenversicherung beschränkten Rentenpolitik entsteht eine übergreifende Alterssicherungspolitik[24], die erstmals Sicherheits- und Ungleichheitsprobleme in Bezug auf alle drei Säulen der Alterssicherung ins Blickfeld nimmt. Alterssicherungspolitik in diesem anspruchsvollen Sinne beinhaltet eine Koordination zwischen den Säulen, etwa die Angleichung bei der Besteuerung (2004), und übergreifende Zielformeln wie „Gesamtversorgungsniveau", verstanden als Summe der Alterseinkommen aus allen drei Säulen. Legislativ greifbar wurde die neue Alterssicherungspolitik in der erstmaligen Behandlung aller drei Säulen in einem gemeinsamen Gesetzeswerk bei der Riester-Reform.
- Prozessuale und pädagogische Intervention: Bei der staatlichen Rahmung von Vorsorgemärkten fällt auf, dass primär Verfahrens- und Zugangsformen privater Vorsorge, weniger Ergebnisse, geregelt werden. Dies sind zum einen organisatorische Vorschriften für die Anbieter, zum Beispiel Transparenz, Ausgestaltung der Versicherungsverträge sowie Informations- und Beratungspflichten dem Kunden gegenüber. Zum anderen sind es Anspruchsrechte der Vorsorgenden gegenüber den Unternehmern, im Kern Verbraucherschutz im Finanzbereich. Daneben treten zunehmend „pädagogische Interventionen"[25], also Maßnahmen der Steigerung individueller Handlungskompetenz im Finanzbereich wie Information, Beratung und Bildung für Vorsorgende. *Financial Literacy* wird auch in Deutschland zu einer Zielgröße der Alterssicherungspolitik.

Eine solche prozessual und pädagogisch ausgerichtete Politik bearbeitet Ungleichheiten an Vorsorgemärkten, allerdings nur abgeschwächt und indirekt, indem sie an individuellen und organisatorischen Handlungsvoraussetzungen ansetzt. Diese Politik generiert

[24] Vgl. Berner, Hybrider Sozialstaat, S. 188–235; anders dagegen: Karl Hinrichs, Von der Rentenversicherungs- zur Alterssicherungspolitik, in: ders./Herbert Kitschelt/Helmut Wiesenthal (Hrsg.), Kontingenz und Krise. Institutionenpolitik in kapitalistischen und postsozialistischen Gesellschaften, Franfurt a.M./New York 2000, S. 291–317.

[25] Franz-Xaver Kaufmann, Elemente einer soziologischen Theorie sozialpolitischer Intervention, in: ders., Sozialpolitik und Sozialstaat. Soziologische Analysen, Wiesbaden ²2005, S. 69–106, hier S. 101–104.

allgemein-rechtliche Normen wie Gleichheit des Zugangs und Widerspruchsrechte, nicht spezifisch „soziale" Normen und Rechte. Herkömmliche „soziale" Rechte *(social rights)* werden teilweise durch sozial kontextuierte allgemeine Bürgerrechte *(civil rights)* abgelöst („Zivilisierung" der sozialen Sicherung[26]). Sozialbürger werden zu Konsumenten. In Großbritannien werden rechtspolitische Normen schon länger auch sozialpolitisch gedeutet.

Die beschriebenen Formen der Einhegung sozialer Ungleichheit an privaten Vorsorgemärkten sind freilich begrenzt, teilweise gar fiktiv. Die ältere Sicherungsvorstellung wurde durch den Begriff „Gesamtversorgungsniveau" auf das Drei-Säulen-Modell erweitert: Der Begriff suggeriert, dass die Politik wie bisher den Lebensstandard sichern könne (auf einem Niveau von 70 Prozent), nur dass dies jetzt durch das Zusammenspiel von gesetzlicher Rentenversicherung und privater Vorsorge erreicht werde. Private Vorsorge ist jedoch kaum auf definierte Wohlfahrtsergebnisse festlegbar. Das Ziel der Lebensstandardsicherung ist durch Verlagerung auf das Gesamtsystem der drei Säulen also nicht leichter erreichbar als innerhalb der gesetzlichen Rentenversicherung, es ist eher noch fiktiver geworden. Eine weitere Grenze der Einhegung des neuen Ungleichheitsraums privater Vorsorge liegt in der begrenzten Einwirkungskraft sozialer Regulierung auf Vorsorgemärkte. Der „Schatten des Sozialstaats", gemessen in konkreten Maßnahmen staatlicher Politik, ist in diesem Bereich kurz. Die staatliche Förderung und soziale Regulierung gilt nur einem Teilmarkt von Altersvorsorgemärkten, eben den Riester-Produkten und mit Abstrichen auch Betriebsrenten und der sogenannten Rürup-Rente, eine 2005 eingeführte spezifisch steuerlich geförderte Form der Altersvorsorge, die vor allem für Selbständige als Basissicherung und Ersatz für die gesetzliche Rentenversicherung gedacht ist. Auch hegt die Riester-Förderung Ungleichheiten primär im unteren Einkommenssegment ein, denn die Förderung ist vor allem für Einkommensschwache und Familien attraktiv.

4. Einhegung und Legitimierung von Ungleichheitsräumen in Großbritannien

Primäres Ziel der staatlichen Alterssicherung in Großbritannien ist die Vermeidung von Armut, nicht Lebensstandardsicherung. Dieses Ziel hat sowohl Sicherheits- als auch Gleichheitsaspekte. Sicherheit ist nur in der schwachen Variante einer Grundsicherung angespro-

26 Leisering, Soziale Regulierung, in: Alterssicherung, S. 68f.

chen, Gleichheit als Begrenzung von Ungleichheit nach unten, also Vermeidung krasser Formen von Ungleichheit (Armut). Die staatliche Basisrente zeichnet sich zudem durch einen weitgehenden Universalismus aus und wirkt so auf eine Begrenzung der Intra-Gruppen-Ungleichheit hin. Das Beitragsprinzip bewirkt hier nur in geringem Maße eine Konservierung von Ungleichheiten aus der Erwerbsphase, da die Leistungen der Basisrente nicht vom früheren Erwerbseinkommen abhängen. Doch das Beitragsprinzip erschwert es vor allem Frauen, eigenständige Anwartschaften auf eine volle Basisrente aufzubauen[27]. Jenseits der niedrigen Basisrente werden sowohl Intra-Gruppen-Ungleichheiten aus der Erwerbsphase konserviert (durch die ergänzende staatliche Sicherung, zum Teil auch durch die private) als auch neue, akzidentelle Intra- und Inter-Gruppen-Ungleichheiten hervorgebracht (durch die private Alterssicherung). Eine auf Inter-Gruppen-Gleichheit zielende Lohnersatznorm gibt es in Großbritannien nicht.

Der für die Entwicklung des britischen *welfare state* grundlegende Beveridge-Plan von 1942 sah die Einführung einer universellen Sozialversicherung (*National Insurance*) vor, die jedem Briten – unabhängig vom früheren Erwerbseinkommen – eine existenzsichernde Altersrente gewähren sollte. Der volle Leistungsanspruch bestand allerdings erst nach einer langen Erwerbszeit, während der ein einheitlicher, einkommensunabhängiger (*flat rate*) Sozialversicherungsbeitrag zu entrichten war (Beitragsprinzip).

Indem die Basisrente die Intra-Gruppen-Ungleichheit der Alterseinkommen nach unten begrenzte, bildete sie gleichsam das legitimatorische Fundament für den bewusst weit offen belassenen Ungleichheitsraum privater Vorsorge. Die Aufgabe des Staates bestand für Beveridge in der Gewährleistung des Existenzminimums als erworbenem Rechtsanspruch ohne vorherige Bedarfsprüfung – nicht weniger, aber auch nicht mehr. Auf dieser Basis sollten zusätzliche private Vorsorgeanstrengungen zu einem höheren Lebensstandard im Alter führen. Diese fundamentale Überzeugung ist bis heute in allen britischen Alterssicherungsdebatten zentral. Allerdings hat die Basisrente, wie sie 1946 schließlich eingeführt wurde, nie eine wirklich existenzsichernde Höhe erreicht. Auch das britische Sicherungsziel hat also fiktive Züge, sogar noch ausgeprägter als das deutsche Ziel der Lebensstandardsicherung.

Die private Altersvorsorge wurde auch in Großbritannien nach dem Zweiten Weltkrieg zunächst nicht (mehr) als Teil der Sozial-

---

[27] Zu *gender* als einer zentralen, hier aber nicht näher behandelten Ungleichheitsdimension vgl. den Beitrag von Christiane Kuller in diesem Band.

politik betrachtet, jedoch nicht – wie in Deutschland – aufgrund der Dominanz der staatlichen Alterssicherung, sondern wegen der Legitimierung ihrer Ungleichheitsfolgen durch die staatliche Mindestsicherung. Die private Vorsorge blieb keineswegs unreguliert. Die Regulierung zielte aber vor allem darauf ab, einen Missbrauch der privaten Altersvorsorge als Steuerschlupfloch zu verhindern, beispielsweise durch die Festlegung von Obergrenzen „angemessener“ (und damit steuerbegünstigter) Altersvorsorge[28]. Bei der Höhe der steuerlichen Förderung gab es – anders als bei der Riester-Förderung – keine sozialpolitisch motivierten Vergünstigungen für Geringverdiener oder Familien. Im Gegenteil: Die Umverteilungswirkung der steuerlichen Begünstigung privater Altersvorsorge ist bis heute stark regressiv und damit ungleichheitsverstärkend[29].

Unterschiedliche Zugangschancen zu ergänzender Vorsorge stellten in diesem Alterssicherungskonzept einen wesentlichen Ungleichheitsfaktor dar[30]. Daher wurde 1959, zeitnah zur 1957er Reform in Deutschland, als Ergänzung zur Basisrente eine staatliche Staffelrente (*Graduated Retirement Pension*) eingeführt. Damit ging die Erhebung einkommensbezogener Sozialversicherungsbeiträge einher. Die obere Beitragsbemessungsgrenze lag aber stets auf einem niedrigeren Niveau als in Deutschland. Die Staffelrente lässt sich kaum als *Sozial*versicherung im engeren Sinne charakterisieren. Es gab weder einen Risikoausgleich zwischen Männern und Frauen – letztere erhielten für gleiche Beiträge geringere wöchentliche Rentenzahlungen –, noch war eine Dynamisierung der Rente vorgesehen[31]. Die bald rapide anwachsende Inflation ließ die Kaufkraft der Leistungen dahinschmelzen. Der mit der Staffelrente verbundene sozialpolitische Gestaltungsanspruch zeigte sich nur in einer Witwenrente und in der Absicht, allen Arbeitnehmern den Aufbau von erwerbseinkommensbezogenen Rentenansprüchen zu ermöglichen. Die Staffelrente war damit ein Paradebeispiel für prozessuale Sicherheit (in Abgrenzung zu einem ergebnisbezogenen, im herkömm-

---

[28] Vgl. Leslie Hannah, Inventing Retirement. The Development of Occupational Pensions in Britain, Cambridge u. a. 1986, S. 47.

[29] Darauf verwies bereits früh Richard M. Titmuss, The Social Division of Welfare: Some Reflections on the Search for Equity, in: Brian Abel-Smith/ Kay Titmuss (Hrsg.), The Philosophy of Welfare. Selected Writings of Richard M. Titmuss, London u. a. 1987, S. 39–59 (zuerst 1956).

[30] Vgl. Anthony Ogus, Landesbericht Großbritannien, in: Peter A. Köhler/ Hans F. Zacher (Hrsg.), Ein Jahrhundert Sozialversicherung in der Bundesrepublik Deutschland, Frankreich, Großbritannien, Österreich und der Schweiz, Berlin 1981, S. 269–442, hier S. 361 f.

[31] Ein Inflationsausgleich wurde erst 1974 beschlossen, als keine neuen Anwartschaften mehr erworben werden konnten.

lichen Sinne „sozialen" Sicherheitsbegriff) und markierte den seltenen Fall der Öffnung eines Ungleichheitsraums durch ein staatliches Vorsorgeprogramm ohne gleichzeitige Einhegungsversuche mittels sozialen Ausgleichs.

Um den Fortbestand der bestehenden betrieblichen Vorsorgepläne nicht zu gefährden, konnten deren Mitglieder von der Versicherungspflicht in der ergänzenden staatlichen Altersvorsorge befreit werden (*Contracting-out*). Voraussetzung war, dass der Betriebsrentenplan mindestens die Leistungen vorsah, die maximal in der Staffelrente erworben werden konnten; eine Witwenrente war aber nicht obligatorisch. Der Arbeitgeber durfte seinen Beschäftigten die Mitgliedschaft in seinem Betriebsrentenplan vorschreiben und ihm oblag die Entscheidung über das *Contracting-out*.

Die Regelung des *Contracting-out* wurde so zur Quelle eines ersten, zaghaften Versuchs der bewusst sozialen Regulierung privater Altersvorsorge, der jedoch hinsichtlich seiner Intensität und seiner Extension äußerst begrenzt blieb: Die vorgeschriebenen Standards waren teilweise schwächer als in der Staffelrente, und sie erstreckten sich ausschließlich auf Leistungen, welche die staatliche Zusatzvorsorge ersetzten. Das Sozialministerium konnte Forderungen nach einer weitergehenden Regulierung zunächst nicht gegen das Schatzamt durchsetzen[32].

Eine *Labour*-Regierung ersetzte schließlich 1978 (Gesetz von 1975) die Staffelrente durch eine großzügigere staatliche einkommensbezogene Zusatzrente (*State Earnings-Related Pension Scheme*, SERPS). SERPS-Leistungen wurden geschlechtsneutral kalkuliert und an die Preisentwicklung angepasst. Zudem wurde SERPS auf Basis der besten 20 Erwerbsjahre berechnet, was einen zusätzlichen sozialen Ausgleich – etwa für Zeiten von Arbeitslosigkeit oder Kindererziehung – bedeutete. SERPS war also eine Sozialversicherung im engeren Sinne, die den durch die Staffelrente eröffneten staatlichen Ungleichheitsraum wieder stärker einhegte.

Mit SERPS kamen auch höhere Standards für die ersetzende betriebliche Vorsorge. Die Möglichkeit des *Contracting-out* wurde beibehalten, nun aber an die Zusage einer *Guaranteed Minimum Pension* (GMP) durch den Betriebsrentenplan geknüpft. Die garantierte Mindestrente entsprach ungefähr den Leistungen unter SERPS (nun einschließlich einer Witwenrente), jedoch ohne besondere

---

[32] Vgl. Noel Whiteside, Historical Perspectives and the Politics of Pension Reform, in: Gordon L. Clark/Noel Whiteside (Hrsg.), Pension Security in the 21st Century. Redrawing the Public-Private Debate, Oxford 2003, S. 21–43, hier S. 27.

Berücksichtigung der 20 besten Erwerbsjahre und ohne Inflationsausgleich in der Auszahlungsphase. *Contracting-out* führte (bis 1995) nicht zum Verlust des vollen SERPS-Anspruchs. Dieser wurde lediglich um die GMP gekürzt. SERPS übernahm damit den Inflationsausgleich für einen Teil der Betriebsrenten. Auf Grund dieser Garantien subventionierten also die in SERPS versicherten Arbeitnehmer die meist besser verdienenden Beschäftigten mit *contracted-out* Betriebsrenten. Dies verstärkte bestehende Intra-Gruppen-Ungleichheiten.

In den zwei Dekaden bis 1979 war die britische Alterssicherungspolitik also von einer zweigleisigen Einhegung der Ungleichheitsräume geprägt. Auf der einen Seite stand die Einführung einer ergänzenden erwerbseinkommensbezogenen staatlichen Vorsorge, auf der anderen die vorsichtige „Sozialpolitisierung" der betrieblichen Alterssicherung mittels staatlicher Regulierung, vor allem im Rahmen des *Contracting-out*. Beide Maßnahmen begrenzten in der Intra-Gruppen-Relation die akzidentellen Ungleichheiten der privaten Altersvorsorge, verstetigten aber die Einkommensunterschiede am Arbeitsmarkt über die Erwerbsphase hinaus. Letzteres wurde abgeschwächt durch die soziale Regulierung der privaten Vorsorge beziehungsweise den Charakter von SERPS als Sozialversicherung. SERPS und die darauf bezogenen *Contracting-out*-Bedingungen zielten zudem auf einen Abbau von Inter-Gruppen-Ungleichheiten, da die zu erwartenden Alterseinkommen vieler Briten nunmehr höher ausfielen als in der Vergangenheit. Während sich die deutsche Entwicklung (vereinfacht gesagt) als eine Abfolge von Sozialversicherung und sozialer Regulierung begreifen lässt, war der britische Fall bis Ende der 1970er Jahre durch die Gleichzeitigkeit des Ausbaus beider Instrumentarien gekennzeichnet.

Die Thatcher-Regierung hinterließ deutliche Spuren im britischen Alterssicherungssystem. Seit 1980 wurde die Basisrente nur noch gemäß der Preis- anstelle der Lohnentwicklung erhöht. Die Mindestsicherung und mit ihr die Einhegung sozialer Ungleichheit nach unten erodierten somit weiter. SERPS-Leistungen wurden ebenfalls gekürzt. Beides führte zu einer zunehmenden Ungleichheit zwischen Alten und Erwerbstätigen. Die Absenkung des Leistungsniveaus in beiden Zweigen der staatlichen Alterssicherung verstärkte zudem die Dringlichkeit zusätzlicher privater Vorsorge („passive Privatisierung") und weitete den Ungleichheitsraum privater Vorsorge wieder aus. Außerdem berücksichtigte die SERPS-Berechnung nun das komplette Erwerbsleben, nicht mehr nur die 20 besten Erwerbsjahre. Der Wegfall dieses Ausgleichselements verstärkte die Intra-Gruppen-Ungleichheit.

Ein zentrales Ziel der Thatcher-Regierung war die Förderung der Verbreitung privater Vorsorge (aktive Privatisierung). *Contracting-out* wurde ab 1988 auch für Betriebsrenten mit reiner Beitragszusage und für *Personal Pensions* – also individuell-private Vorsorgepläne – möglich. Bei beiden ist die Rentenhöhe stark vom Investmenterfolg sowie den zum Verrentungszeitpunkt vorherrschenden Konditionen zum Kauf einer lebenslangen Leibrente (Annuität) abhängig. Beide Faktoren enthalten ein starkes Zufallselement und bedingten so zunehmende akzidentelle Ungleichheiten. Anders als im Falle der deutschen Riester-Rente gab es in Großbritannien keine obligatorische Mindestverzinsung und auch die genannten SERPS-Garantien galten ausschließlich für betriebliche Leistungszusagen.

Obwohl die Öffnung von Ungleichheitsräumen durch aktive und passive Privatisierung in den 1980er Jahren dominierte, wurden auch Maßnahmen zu deren Einhegung ergriffen. So zielte die Ausweitung des *Contracting-out* auch auf die Begrenzung der Nachteile, die Personen mit häufig wechselnden Beschäftigungsverhältnissen bei betrieblichen Leistungszusagen noch immer hinnehmen mussten. Durch die Förderung von betrieblichen Beitragszusagen erhoffte sich die Thatcher-Regierung ein breiteres Angebot an branchenübergreifenden Betriebsrentenplänen, die nicht bei jedem Arbeitgeberwechsel einen Wechsel des betrieblichen Vorsorgeplans nach sich ziehen. Auch von den *Personal Pensions* versprach sich die Regierung Vorteile für Personen mit häufig wechselnden Arbeitgebern. Akzidentelle Ungleichheiten aufgrund der Verschiedenheit der Erwerbsverläufe sollten durch diese Maßnahmen begrenzt werden.

Ein weiterer Aspekt der Einhegung des Ungleichheitsraums individuell-privater Vorsorge lag in der sozialen Regulierung der *Personal Pensions* mittels finanzmarkt-, steuer- und sozialrechtlicher Vorschriften. Zwar wurden auch in Großbritannien die eigentlichen Finanzmärkte nicht sozial reguliert (im Unterschied zu den Vorsorgeprodukten); das britische Finanzmarkt-Recht hatte jedoch Auswirkungen auf den Verbraucherschutz und die Finanzberatung. Die einschlägigen Regelungen des *Financial Services Act* 1986 waren zwar nicht alterssicherungspolitisch motiviert, sollten aber auch die Käufer von *Personal Pensions* vor unzureichender Beratung schützen[33] – ohne großen Erfolg, wie die spätere Erfahrung des *Pension Mis-selling* zeigte[34]. Die steuerliche Förderung setzte wie bei der betrieblichen Vorsorge

---

33 Vgl. Secretary of State for Social Services, Reform of Social Security. Programme for Action, Cmnd. 9691, London 1985, S. 17.

34 Vgl. hierzu David Blake, Pension Schemes and Pension Funds in the United Kingdom, Oxford ²2003, S. 219f.

voraus, dass der Zugriff auf das Vorsorgevermögen erst jenseits eines Mindestalters (ursprünglich: 50 Jahre) und nur in Form einer Rente, also nicht als Einmalauszahlung, möglich war. Die sozialrechtlichen Vorschriften betrafen nahezu ausschließlich den Bereich des *Contracting-out*. Damit eine *Personal Pension* als *contracted-out* anerkannt wurde, musste ein Mindestbeitrag (in Höhe des Beitragsvorteils in der Sozialversicherung) geleistet werden, der die sogenannten geschützten Rechte generierte. Auf diese konnte erst nach Erreichen des gesetzlichen Rentenalters zurückgegriffen werden, und sie mussten in eine Leibrente auf Unisex-Basis mit begrenztem Inflationsausgleich und einer Hinterbliebenenrente (in Höhe einer halben Versichertenrente) umgewandelt werden. In mancher Hinsicht gingen die Regelungen damit weiter als die der Riester-Rente. Die Neueröffnung des Ungleichheitsraums privater Vorsorge in den Thatcher-Jahren schloss also begrenzte Einhegungsversuche nicht aus.

New Labour trat 1997 mit dem Versprechen an, die verbreitete Altersarmut zu bekämpfen, die nicht zuletzt ein Ergebnis der zunehmenden Erosion der Basisrente war. Aus Kostengründen wurden zunächst die bedürftigkeitsgeprüften Leistungen für Rentner ausgebaut, so dass diese das Niveau einer vollen Basisrente nunmehr deutlich überstiegen. Dadurch erlangte mehr als die Hälfte aller Rentnerhaushalte Ansprüche auf solche Leistungen[35]. Gemäß der umfassenden Rentenreform der Jahre 2007/08 soll die Basisrente ab 2012 wieder an die Einkommensentwicklung gekoppelt und so reformiert werden, dass langfristig die meisten Briten einen Anspruch auf die volle Basisrente haben werden. SERPS wurde 2002 durch die *State Second Pension* (Staatliche Zusatzrente) ersetzt, welche Personen mit niedrigen Erwerbseinkommen oder Kindererziehungszeiten höhere Leistungen als SERPS gewährt. Dabei wird jedoch der Bezug zum früheren Erwerbsentgelt bei der Leistungsberechnung sukzessive ganz entfallen (zu Lasten von Personen mit mittleren und höheren Einkommen). *Contracting-out* wird ab 2012 wieder auf betriebliche Leistungszusagen beschränkt werden. Durch all diese Maßnahmen wird der Anteil an Rentnern mit Anspruch auf bedürftigkeitsgeprüfte Leistungen voraussichtlich zwar nicht weiter anwachsen, aber auch nur leicht zurückgehen[36].

---

[35] Vgl. James Banks u.a., Retirement, Pensions and the Adequacy of Saving: A Guide to the Debate, London 2002, S. 14 (The Institute for Financial Studies Briefing Note No. 29). Armutsträchtig ist die hohe Nichtinanspruchnahmequote von bis zu einem Drittel der Berechtigten; vgl. Department for Work and Pensions, Income Related Benefits. Estimates of Take-Up in 2002/2003, London 2005, S. 19 und S. 22.

[36] Vgl. Department for Work and Pensions, Projections of Entitlement to

New Labour wollte staatliche Leistungen auf jene Bürger konzentrieren, die zur privaten Vorsorge nicht in der Lage sind, und allen anderen bessere private Vorsorgemöglichkeiten bieten. Einen wichtigen Schritt auf diesem Weg markierte 2001 die Einführung von privaten *Stakeholder Pensions*, die in besonderer Weise (sozial) reguliert sind. Die erlaubten Verwaltungskosten sind begrenzt, und die Beitragsmodalitäten müssen flexibel sein. Arbeitgeber ohne Betriebsrenten müssen ihren Mitarbeitern Zugang zu einem *Stakeholder Pension Plan* gewähren. Sie sind jedoch nicht zu Beitragszuschüssen verpflichtet. Eine Innovation in der britischen Alterssicherung stellen die *Personal Accounts* dar, die 2012 eingeführt werden sollen. Ihre Konzeption erinnert an die schwedische *Premiepension*. Alle Arbeitnehmer werden automatisch Mitglied dieses Vorsorgeprogramms, haben jedoch eine Austrittsoption. Für Arbeitnehmer und Arbeitgeber sind Mindestbeitragssätze festgelegt, die durch Steuervorteile aufgestockt werden. Die *Personal Accounts* bieten Beitragszusagen ohne Elemente des sozialen Ausgleichs, so dass hier der Ungleichheitsraum privater Vorsorge erneut geöffnet wird.

Ansonsten verstärkte sich unter *New Labour* die regulierungspolitische Hyperaktivität, die bereits 1995 unter den Konservativen begonnen hatte. Sie ist gekennzeichnet durch die hektische Abfolge von Regulierungs-, De-Regulierungs- und Re-Regulierungsmaßnahmen[37]. Nachdem 1992 offenbar wurde, dass der Medien-Tycoon Robert Maxwell Gelder aus den Betriebsrentenkassen seiner Unternehmen veruntreut hatte, verankerte der *Pensions Act* 1995 zahlreiche Maßnahmen, welche die Sicherheit betrieblicher Vorsorge verbessern sollten. Dazu zählte die Einrichtung einer neuen Behörde für die Regulierung betrieblicher Alterssicherung mit weitreichenderen Befugnissen. Für Betriebsrenten mit Leistungszusage wurde eine Mindestdeckungsvorschrift (*Minimum Funding Requirement*) erlassen. Der 2004 ins Leben gerufene Pensionssicherungsfonds sollte leistungsdefinierte Betriebsrenten im Falle einer Arbeitgeberinsolvenz absichern. Die Arbeitgeber machten jedoch die wachsende Regulierung für die zunehmende Schließung betrieblicher Vorsorgepläne verantwortlich[38]. Die Regierung sah sich daher

Income Related Benefits to 2050; http://www.dwp.gov.uk/pensionsreform/pdfs/Projections-of-entitlement-to-incomeRelatedBenefitsJune2008.pdf.

[37] Vgl. Christian Marschallek, Back to the State? Provision and Regulation of Old Age Pensions in Britain, Bielefeld (mimeo) 2009.

[38] Zu den Hintergründen vgl. Paul Bridgen/Traute Meyer, When Do Benevolent Capitalists Change their Mind? Explaining the Retrenchment of Defined-Benefit Pensions in Britain, in: Social Policy and Administration

genötigt, mit De-Regulierungsmaßnahmen gegenzusteuern, um die Belastung für die Arbeitgeber zu senken.

Wahlfreiheit als liberales Ziel in der Altersvorsorgepolitik wurde von *New Labour* als Fähigkeit zur wohlinformierten Entscheidung (*Informed Choice*) konkretisiert. Pädagogische Interventionen zielen darauf, die *Financial Literacy* der Briten zu verbessern. Sie sollen in die Lage versetzt werden, aus den verschiedenen Angeboten die für sie geeignetste Altersvorsorge auszuwählen. Die Versicherten erhalten jetzt regelmäßig und automatisch individuelle Prognosen ihrer staatlichen Altersrente, in denen teilweise auch private Rentenansprüche berücksichtigt werden. Die *Financial Services Authority* veröffentlichte gemeinsam mit dem Versichererverband ABI einen internetbasierten Rentenrechner und publiziert leicht verständliches Informationsmaterial. Auch die Vereinheitlichung der steuerlichen Förderung soll die Orientierung im hochkomplexen britischen Alterssicherungssystem erleichtern. *Financial Literacy* und *Informed Choice* werden zum Kern einer *Do-it-yourself*-Sozialpolitik, die den Bürgern nicht nur Handlungsräume eröffnet, sondern ihnen zugleich Entscheidungen zumutet: Die Verantwortung für die Höhe des Alterseinkommens wird auf das Individuum übertragen[39]. Doch die zunehmende Dominanz bedürftigkeitsgeprüfter Mindestleistungen lässt den individuellen Verzicht auf private Vorsorge womöglich rational erscheinen, weil fraglich bleibt, ob sich diese überhaupt finanziell lohnt[40].

Weder in der staatlichen Altersvorsorge noch bei der Regulierung privater Vorsorge lässt sich seit Mitte der 1990er Jahre ein klarer Trend der Einhegung oder Öffnung von Ungleichheitsräumen beobachten. Trotz der Einhegungsversuche von *New Labour* verbleiben erhebliche Ungleichheitsräume. Noch immer ist der – sehr ungleiche – Zugang zu betrieblicher Alterssicherung eine entscheidende Determinante für die Höhe des zukünftigen Alterseinkommens. Beschäftigte im öffentlichen Sektor und in großen Unternehmen, in denen weiterhin großzügige Leistungszusagen domi-

---

39 (2005), S. 764–785; Christian Marschallek, Regulierung als Risiko, Koordinierung als Problem. Staat und Alterssicherung in Großbritannien, in: Deutsche Rentenversicherung 62 (2007), S. 529–541.

[39] Vgl. Rudolf Klein/Jane Millar, Do-It-Yourself Social Policy: Searching for a New Paradigm, in: Social Policy and Administration 29 (1995), S. 303–316; Mark Hyde/John Dixon, „Working and Saving for Retirement“: New Labour's Reform of Company Pensions, in: Critical Social Policy 24 (2004), S. 270–282, hier S. 277.

[40] Vgl. Christian Marschallek, (Private) Alterssicherung im unteren Einkommensbereich. Was kann Deutschland von Großbritannien lernen?, Bielefeld 2006 (REGINA Working Paper Nr. 16).

nieren, werden ihren Lebensstandard im Alter wahrscheinlich weitgehend aufrechterhalten können. Vielen Briten dürfte es jedoch schwerfallen, der Altersarmut ohne die Beantragung von bedürftigkeitsgeprüften Leistungen zu entgehen, von der Sicherung des Lebensstandards ganz zu schweigen[41]. Die britische Sozialpolitik tut sich schwer, über die Armutsfrage hinauszugehen. Die soziale Regulierung privater Vorsorge setzt auf *Informed Choices* durch verbesserte *Financial Literacy*, auf vereinfachte Zugangsmöglichkeiten zu privater Vorsorge, höhere Flexibilität, begrenzte Verwaltungskosten und – im Falle der *Personal Accounts* – auf quasi-obligatorische Arbeitgeberbeiträge. Diese Variante liberaler Alterssicherungspolitik schützt die Versicherten vor einigen Risiken der Vorsorgemärkte sowie den daraus entstehenden Ungleichheiten und generiert jene schwache Form von Sicherheit, die durch Prozessualisierung, Individualisierung und „Zivilisierung" gekennzeichnet ist[42].

5. Fazit: Alterssicherung im Nachkriegseuropa – Ungleichheit im Alter als permanentes Problem im wohlfahrtsstaatlichen Kapitalismus

Wir waren davon ausgegangen, dass das Alter in modernen wohlfahrtsstaatlichen Gesellschaften zu einem Problem sozialer Ungleichheit und kollektiver Umverteilung geworden ist. Wir haben gefragt, wie die Politik in unterschiedlichen Wohlfahrtsstaaten mit diesem Ungleichheitsproblem umgeht – im liberalen britischen und im konservativen (oder besser: zentristischen) deutschen.

Die Geschichte des politischen Umgangs mit Armut und Ungleichheit im Alter ist, so haben wir gezeigt, eine doppelte: Sie bezieht sich auf die öffentliche und die private Alterssicherung sowie auf die Interaktion von öffentlich und privat. Die Ungleichheitsgeschichte der Alterssicherung ist weder für Deutschland durch die vorherrschende Beschränkung auf staatlich-parastaatliche Sicherungen hinreichend beschrieben, noch für Großbritannien durch eine Fokussierung auf betriebliche und individuell-private Vorsorge.

Die Weichen wurden in der frühen Nachkriegszeit – 1946 in Großbritannien und 1957 in der Bundesrepublik Deutschland – gegenläufig gestellt: 1946 die breite Öffnung eines marktlichen Raums bei rudimentärer staatlicher Mindestsicherung, dagegen 1957

---

[41] Vgl. Traute Meyer/Paul Bridgen, Class, Gender and Chance: The Social Division of Welfare and Occupational Pensions in the United Kingdom, in: Ageing & Society 28 (2008), S. 351–381.

[42] Vgl. Leisering, Soziale Regulierung, in: Alterssicherung, S. 68f.; Berner, Hybrider Sozialstaat, S. 178.

die Öffnung eines die Alterssicherung dominierenden (para-)staatlichen Raums bei annähernder Schließung des Raums privater Vorsorge. In der Folge verbreiterte die britische Politik jedoch den staatlichen Bereich; umgekehrt wurde in Deutschland, wenn auch sehr spät, der marktliche Bereich stärker geöffnet. Unser Hauptbefund ist, dass soziale Ungleichheit in der Alterssicherung in beiden Ländern immer wieder zum politischen Problem wurde. Die Politik begegnete diesem Problem durch Einhegung staatlicher wie marktlicher Ungleichheitsräume. In Großbritannien war Ungleichheit als Folge der liberalen Programmatik zwar grundsätzlich akzeptiert, dennoch wurden immer wieder Einhegungsversuche unternommen, die aber stets umstritten blieben. Mehrfach wurde in Großbritannien die Basisrente durch weitere staatliche Sicherungen ergänzt, primär für Personen ohne Zugang zu – als gleichwertig anerkannter – privater Alterssicherung. Die Regelungen des *Contracting-out* aus staatlichen Systemen sollten dabei gewährleisten, dass alternativ zur staatlichen Zusatzsicherung stets auch eine private Vorsorge möglich war und diese Privatvorsorge gewisse Mindeststandards erfüllte. In beiden Ländern war ein doppeltes Ungleichheitsproblem zu bewältigen: die Ungleichheit zwischen den Alten und den Erwerbstätigen sowie die Ungleichheit innerhalb der Gruppe der Alten.

Wir können fünf Hauptstrategien der Einhegung von Ungleichheitsräumen unterscheiden, die alle in beiden Ländern anzutreffen waren:

- Quantitative Beschränkung von Märkten: In Großbritannien geschah dies 1946, den Vorstellungen Beveridges folgend, als untere Beschränkung durch eine staatliche Mindestalterssicherung; in Deutschland 1957 in der großen Rentenreform Adenauers als obere Beschränkung durch eine hoch angesetzte „Friedensgrenze" zu privaten Anbietern.
- Qualitative politische Gestaltung von Märkten durch Regulierung: Der Staat delegiert Wohlfahrtsaufgaben an Märkte, reguliert diese jedoch. In Großbritannien war (sozial-)regulative Politik schon früh verbreitet, in Deutschland wurde sie erst mit der Riester-Reform zu einem großen Thema der Politik. Zuvor war die Regulierung in Deutschland nicht primär sozialpolitisch ausgerichtet, sondern diente vor allem unternehmenspolitischen Zielen und vollzog sich in Expertenzirkeln außerhalb der sozialpolitischen Fachkreise[43].

[43] Zur Regulierung privater Altersvorsorge im deutsch-britischen Vergleich vgl. Patrick Blömeke, Die Regulierung nicht-staatlicher Alterssicherung.

- Redistributive, sozial ausgleichende Politik der Sozialversicherung: In Deutschland wurde dies in der großen Rentenreform von 1957 forciert und bis in die 1980er Jahre weiter ausgebaut, während Großbritannien in dieser Hinsicht ein *latecomer* war, nämlich erst 1978 eine reguläre Sozialversicherung jenseits der Basisrente einrichtete (SERPS). Nach Myles und Pierson ist eine so späte Einführung jedoch prekär. Denn die Beschneidung einer jungen Sozialversicherung fällt politischen Gegnern vergleichsweise leicht, da von den Versicherten noch keine umfangreichen Anwartschaften aufgebaut werden konnten[44]. Tatsächlich konnte sich SERPS in der ursprünglichen Form politisch nicht halten.
- Bedürftigkeitsgeprüfte Grundsicherung durch Sozialhilfe: Diese Strategie wurde in beiden Ländern verfolgt. In Großbritannien waren und sind weit mehr alte Menschen sozialhilfebedürftig als in Deutschland, obwohl Großbritannien im Gegensatz zu Deutschland eine Basisrente hat. Die Basisrente sollte laut Beveridge Armut auch ohne Bedürftigkeitsprüfung verhindern. Um die Jahrtausendwende wurde die Sozialhilfe für alte Menschen in beiden Ländern aufgewertet und stärker als Komponente einer integrierten Alterssicherung gesehen.
- Politik des Wohlfahrtsmixes, welche die marktlichen und staatlichen Bereiche, oft nur implizit oder beschränkt, koordiniert: In Deutschland fand lange wenig Koordination statt, da der staatliche Bereich bei weitem dominierte. Erst im Zuge der Riester-Reform setzt sich eine übergreifende, integrierte Alterssicherungspolitik durch, die jedoch nur bei einzelnen *issues* Gestalt annimmt. In der britischen Politik herrschte seit 1959 negative Koordination vor. Sie richtete sich darauf, Bedingungen für ein *Contracting-out* aus dem staatlichen System zu schaffen, also das Primat des Marktes abzusichern. Besonders ausgeprägt war diese Politik unter Thatcher, während bei der Einführung von SERPS noch am ehesten nach einer positiven Koordinierung gesucht wurde.

Alles in allem kann man sagen, dass in beiden Ländern die in der frühen Nachkriegszeit geschaffenen Ausgangsmodelle der Alterssicherung und die von ihnen konstituierten Ungleichheitsräume

---

Deutschland und Großbritannien im Vergleich unter Berücksichtigung von Staatstheorie, Verfassungs- und Europarecht, Berlin 2007.

[44] Vgl. John Myles/Paul Pierson, The Comparative Political Economy of Pension Reform, in: ders. (Hrsg.), The New Politics of the Welfare State, Oxford/New York 2001, S. 305–355, hier S. 314f.

legitimatorisch wie funktional immer wieder unter Druck geraten sind. Schon in den Grundmodellen beider Länder war „zu viel" Ungleichheit zugelassen worden, was spätere Korrekturen erforderte. In Großbritannien musste der offene Ungleichheitsraum oberhalb der staatlichen Basisrente immer neu eingehegt werden, und in Deutschland verlor die Übertragung der Ungleichheiten am Arbeitsmarkt in das Alter durch die lohnbezogene Rente zuletzt an Plausibilität. Dabei rückten in beiden Ländern auch neue Ungleichheiten ins Blickfeld, die in der frühen Entwicklungsphase übersehen, vernachlässigt oder programmatisch verfestigt worden waren, vor allem in der *gender*-Dimension. Zudem wurde in den Ausgangsmodellen mehr Gleichheit versprochen als später realisiert wurde: Die deutsche Politik versprach eine Lebensstandardsicherung als Gleichstellung von Alten und Erwerbstätigen, die britische versprach basale Gleichheit durch Mindestsicherung. Die Nicht-Einlösung der Gleichheitsversprechen, die begrenzte Wirkung der immer erneuten Einhegung illegitimer Ungleichheit, wurde in beiden Ländern durch Einhegungsfiktionen überdeckt.

Parallel zur Annäherung der zwei Länder in Bezug auf die Mischung öffentlicher und privater Elemente ist auch regulative Politik in der Alterssicherung zu einem gemeinsamen Kennzeichen geworden. In beiden Ländern geht es bei Regulierung vorrangig um individuellen Zugang, Verfahrensregeln, Verbraucherschutz und *Financial Literacy* und weniger um Verteilungsergebnisse. Diese Entwicklung deutet in die Richtung eines für Deutschland neuen Begriffs des Sozialen, der über die ältere Arbeitsmarktorientierung hinaus neue liberale Elemente in sich aufnimmt, die in der britischen Tradition länger vertraut sind. Die Ungleichheit im Alter nimmt dabei in beiden Ländern zu. Altersarmut ist in Deutschland weiterhin sehr viel seltener als in Großbritannien, aber infolge der Reformen von 2001 und 2004 ist mit einer Zunahme der Armut zu rechnen. Beide Länder begegneten dem mit der Einführung einer privilegierten Sozialhilfe für alte Menschen. Allerdings wurde Ungleichheit auch abgebaut: Der Deckungsgrad der staatlichen Systeme hat sich verbreitert, in Deutschland gar in Richtung einer Quasi-Universalisierung, die die berufsständische Differenzierung der deutschen Alterssicherung abgeschliffen hat. Die Benachteiligung von Frauen im öffentlichen Rentensystem ist in beiden Ländern vermindert, aber nicht aufgehoben worden.

Neben dieser teilweisen Konvergenz sind die Unterschiede weiterhin groß. In Großbritannien verweist die Kluft zwischen dem Niveau der vollen Basisrente und dem Grundsicherungsanspruch auf eine enorme Armutstoleranz. Paradoxerweise (oder folgerichtig, letztlich aber weitgehend wirkungslos) wird Armut in Großbritannien in der politischen Öffentlichkeit seit längerem stark thematisiert – hier herrscht „laute Passivität“[45] vor. In Deutschland ist Armut im Alter dagegen erst nach 2000 als Thema anerkannt worden. Auffällig ist auch, ebenfalls im Unterschied zu Deutschland, dass die britische Politik bezüglich der Normierung des Leistungsniveaus der staatlichen Rentensysteme seit langem einen Schlingerkurs fährt.

Während die Problemdefinition in Großbritannien durch Vorstellungen von Eigenverantwortung beeinflusst ist, scheint der Problemlösungshorizont durch ein private Vorsorge begünstigendes „Versicherungsdenken“ geprägt. Alterssicherungspolitik ist weniger als in Deutschland ein Gebiet für Sozialpolitiker[46] mit ausgeprägtem „sozialem“ Ethos, sondern vor allem eine Angelegenheit von Finanzexperten, Finanzdienstleistern, Portfolio-Managern, also der *Pensions Industry* und der *City*. Alterssicherung gilt als Problem angemessenen Finanzmanagements. Die normative Gestaltung von Vorsorgemärkten wird thematisiert, aber unter inhaltlich ausgedünnten Normen wie prozessuale Sicherheit und *(Informed) Choice*, kaum in Bezug auf spezifische sozialstaatliche Normen wie in Deutschland.

In Deutschland hatte die prägende Sicherheitsorientierung immer eine Subgeschichte der Ungleichheit. Die Sicherheitsnorm legitimierte das ungleichheitsstiftende Äquivalenzprinzip in der gesetzlichen Rentenversicherung. Ungleichheitsfragen kamen erstmals systematisch in der Geschlechterdimension auf, als die „geschlechtliche Spaltung des Lebenslaufs“ durch die gesetzliche Rentenversicherung[47] thematisiert wurde und als diskontinuierliche Erwerbsbiographien und Fragen der Gerechtigkeit gegenüber zukünftigen Generationen ins Blickfeld rückten. Durch den halboffiziellen Abschied vom Ziel der Lebensstandardsicherung im Übergang zum Mehrsäulenmodell wurde 2001 und 2004 ein breiterer Ungleichheitsraum geöffnet, dessen Gestaltungsnorm diffus ist. Die gesetzliche Rentenversicherung befindet sich derzeit in einem normativen Niemandsland zwischen Lebensstandardsicherung und Mindestsicherung: Das Leistungsniveau unterschreitet einerseits erklärtermaßen die Lebensstandardsicherung, wird aber andererseits nicht auf ein Grundsicherungsniveau mit dem Ziel der Armutsvermeidung abgesenkt. Es fehlen Normen, die diese diffuse Mittellage definieren und legitimieren könnten. Versuche, die alte Norm der

---

45 Vgl. dazu den Beitrag von Winfried Süß in diesem Band.

46 Vgl. Berner, Hybrider Sozialstaat, Kap. 6.

47 Jutta Allmendinger, Lebensverlauf und Sozialpolitik. Die Ungleichheit von Mann und Frau und ihr öffentlicher Ertrag, Frankfurt a.M. 1994.

Lebensstandardsicherung auf das Gesamtarrangement öffentlicher und privater Alterssicherung zu übertragen, bleiben prekär.

Die von Beveridge formulierte britische Mindestsicherungsnorm ist normativ anspruchsloser als die ursprüngliche deutsche Norm. Das Problem liegt hier nicht im Verfall oder Wandel der Norm, sondern im geringen politischen Willen, sie konsequent umzusetzen. Zugleich zielte die Politik immer wieder darauf, eine Altersversorgung jenseits des Minimums zu gewähren oder zumindest regulativ zu unterstützen. So laboriert auch Großbritannien letztlich in einem normativen Niemandsland zwischen Mindestsicherung und einem diffusen, selten spezifizierten höheren Sicherungsstandard. In beiden Ländern bleibt Ungleichheit im Alter ein schwelendes Problem der Normbildung und der institutionellen Gestaltung.

Cornelius Torp

Gerechtigkeitsprinzipien in der Konstruktion sozialer Sicherung

1. Zur Einführung

Gerechtigkeit gehört zu den zentralen Normen moderner demokratischer Wohlfahrtsstaaten. Anders als die Lotterie der Natur, die für ihre Verteilung von Gaben und Nachteilen nicht zur Verantwortung gezogen werden kann, aber ebenso wie der Markt, die andere große Verteilungsagentur der Moderne, ist der Sozialstaat eine gesellschaftliche Erfindung und daher in seinen distributiven Auswirkungen begründungsbedürftig[1]. Zugleich erwächst aus der sozial gerechten (Um-)Verteilung von Lasten und Leistungen zu einem guten Teil seine eigene Daseinsberechtigung und Legitimität. „Die Gerechtigkeit", schreibt John Rawls, der bedeutendste Gerechtigkeitstheoretiker des 20. Jahrhunderts, „ist die erste Tugend sozialer Institutionen, so wie die Wahrheit bei Gedankensystemen"[2]. Das gilt nicht nur, aber in besonderer Weise für die institutionelle Verfasstheit des Wohlfahrtsstaats. Und es gilt zumal für die Phase seines Umbaus seit der Mitte der 1970er Jahre, in der Gerechtigkeit als wohlfahrtsstaatliche Leitkategorie in der öffentlichen Wahrnehmung noch einmal an Bedeutung gewonnen hat[3]. In der Expansionsperiode des Wohlfahrtsstaats waren sozialpolitische Ungerechtigkeiten weniger scharf empfunden worden, da auch die vermeint-

[1] Vgl. Wolfgang Kersting, Gerechtigkeit: Die Selbstverewigung des egalitaristischen Sozialstaats, in: Stephan Lessenich (Hrsg.), Wohlfahrtsstaatliche Grundbegriffe. Historische und aktuelle Diskurse, Frankfurt a.M. 2003, S. 23–40, hier S. 23.

[2] John Rawls, Eine Theorie der Gerechtigkeit, Frankfurt a.M. 1975, S. 19.

[3] Zu den verschiedenen Phasen wohlfahrtsstaatlicher Entwicklung und zum Charakter der 1970er Jahre als Wasserscheide vgl. Hans Günter Hockerts, Vom Problemlöser zum Problemerzeuger? Der Sozialstaat im 20. Jahrhundert, in: AfS 47 (2007), S. 3–29; Winfried Süß, Der bedrängte Wohlfahrtsstaat. Deutsche und europäische Perspektiven auf die Sozialpolitik der 1970er Jahre, in: ebenda, S. 95–126; Hartmut Kaelble, Das europäische Sozialmodell – eine historische Perspektive, in: ders./Günther Schmid (Hrsg.), Das europäische Sozialmodell. Auf dem Weg zum transnationalen Sozialstaat, Berlin 2004, S. 31–50; Lutz Raphael, Europäische Sozialstaaten in der Boomphase (1948–1973), in: ebenda, S. 51–73; Paul Pierson (Hrsg.), The New Politics of the Welfare State, Oxford 2001.

lich zu kurz Gekommenen immer noch ein Stück des stets größer werdenden Kuchens erhielten; oft hatten auch neue kompensatorische Maßnahmen die Spannungen entschärft. Dagegen ist heute Zustimmung oder wenigstens Akzeptanz für Kürzungen und Belastungen nur dann zu haben, wenn die Betroffenen und die politische Öffentlichkeit den Eindruck gewinnen, dass die Eingriffe in das soziale Netz mit Sensibilität für Fragen der sozialen Gerechtigkeit unternommen werden.

Die Beurteilung der Gerechtigkeit sozialstaatlicher Arrangements wird freilich dadurch erschwert, dass der Begriff ebenso plakativ wie schillernd ist und sich einer eindeutigen Definition hartnäckig entzieht. „Justice is like a greased pig", hat der schwedische Sozialpsychologe Kjell Törnblom diesen Sachverhalt einmal auf den Punkt gebracht, „it yells loudly but is hard to catch"[4]. Wahrscheinlich ist es gerade diese Gleichzeitigkeit von zentralem politischen Stellenwert und begrifflicher Deutungsoffenheit, welche die Gerechtigkeitsfrage zu einem seit Jahrzehnten boomenden Forschungsfeld gemacht hat. Grundsätzlich lassen sich dabei zwei Zweige unterscheiden, die allerdings kaum voneinander Notiz nehmen oder miteinander kommunizieren[5]. Auf der einen Seite steht die normative Gerechtigkeitstheorie, die sich mit der Frage auseinandersetzt, welche Regeln der gerechten Verteilung von Gütern und Lasten in einer Gesellschaft idealiter gelten sollen. Die Debatte über dieses Problem verfügt in der politischen Philosophie über eine bis auf Aristoteles zurückgehende Tradition und hat 1971 mit Rawls' „Theory of Justice" einen wichtigen neuen Impuls erfahren. Auf der anderen Seite hat sich in den letzten Dekaden eine in sich wiederum heterogene empirische Gerechtigkeitsforschung etabliert, die untersucht, welche Vorstellungen von sozialer Gerechtigkeit in der gesellschaftlichen Realität tatsächlich existieren, wie sie zu erklären sind und inwieweit sie individuell und kollektiv handlungsleitend wirken.

Die zahlreichen Studien, die der empirischen Gerechtigkeitsforschung zuzurechnen sind, setzen entweder am Individuum (Mikroebene) an oder an der Gesellschaft (Makroebene). Sie fragen zum einen nach Verhalten (*behavior*), zum anderen nach Überzeugung beziehungsweise Einstellung *(attitude)*. Mithilfe dieser Unter-

---

[4] Kjell Törnblom, The Social Psychology of Distributive Justice, in: Klaus R. Scherer (Hrsg.), Justice. Interdisciplinary Perspectives, Cambridge 1992, S. 177–236, hier S. 177.

[5] Vgl. Stefan Liebig/Holger Lengfeld, Gerechtigkeitsforschung als interdisziplinäres Projekt, in: dies. (Hrsg.), Interdisziplinäre Gerechtigkeitsforschung. Zur Verknüpfung empirischer und normativer Perspektiven, Frankfurt a.M. 2002, S. 7–20.

scheidungen lassen sie sich in zwei Gruppen unterteilen[6]: Die erste Spielart, die sich mit dem Verhalten von Individuen oder kleinen Gruppen beschäftigt, ist in der Sozialpsychologie und neuerdings in den Wirtschaftswissenschaften beheimatet. Meist handelt es sich um Laborexperimente, bei denen im Rahmen von Spielsituationen getestet wird, ob und inwieweit die Probanden ihr Verhalten nach Fairnessgrundsätzen ausrichten[7]. Der zweite Strang empirischer Gerechtigkeitsforschung fällt in den Bereich der Sozial- und Politikwissenschaften. Dabei lassen sich im Wesentlichen drei Untersuchungsansätze unterscheiden[8]: Die Institutionenanalyse fragt danach, welche Gerechtigkeitsprinzipien in die Baupläne bestimmter Institutionen eingelassen sind und welche Verteilungsergebnisse durch sie faktisch erzeugt werden[9]. Die Einstellungsforschung untersucht auf der Grundlage repräsentativ erhobener Umfragedaten – wie etwa denen des *International Social Justice Project* –, welche Vorstellungen von Gerechtigkeit tatsächlich in der Bevölkerung verbreitet sind und durch welche sozialen Variablen sie beeinflusst werden[10]. Neben diese Ansätze hat sich in den letzten Jahren ein dritter Untersuchungsstrang geschoben, der sich mit der Heraus-

---

[6] Martin Kohli, Aging and Justice, in: Robert H. Binstock/Linda K. George (Hrsg.): Handbook of Aging and the Social Sciences, Burlington/Mass. [6]2006, S. 456–478, hier 459ff.

[7] Vgl. Joseph Henrich u. a. (Hrsg.), Foundations of Human Sociality. Economic Experiments and Ethnographic Evidence from Fifteen Small-Scale Societies, New York 2004; Ernst Fehr/Klaus M. Schmidt, A Theory of Fairness, Competition and Cooperation, in: Quarterly Journal of Economics 114 (1999), S. 817–868; Ernst Fehr/Urs Fischbacher, The Nature of Human Altruism, in: Nature 425 (2003), S. 785–791.

[8] Vgl. Stefan Liebig/Holger Lengfeld/Steffen Mau, Einleitung: Gesellschaftliche Verteilungsprobleme und der Beitrag der soziologischen Gerechtigkeitsforschung, in: dies. (Hrsg.), Verteilungsprobleme und Gerechtigkeit in modernen Gesellschaften, Frankfurt a.M. 2004, S. 7–26, hier S. 11–17.

[9] Vgl. etwa Volker H. Schmidt, Soziologische Gerechtigkeitsanalyse als empirische Institutionenanalyse, in: Hans-Peter Müller/Bernd Wegener (Hrsg.), Soziale Ungleichheit und soziale Gerechtigkeit, Opladen 1995, S. 173–195; Bo Rothstein, Just Institutions Matter. The Moral and Political Logic of the Universal Welfare State, Cambridge 1998; Robert Goodin u. a., The Real Worlds of Welfare Capitalism, Cambridge 1999; Marion Möhle, Vom Wert der Wohlfahrt. Normative Grundlagen des deutschen Sozialstaats, Wiesbaden 2001.

[10] Vgl. nur James R. Kluegel/David S. Mason/Bernd Wegener (Hrsg.), Social Justice and Political Change. Public Opinion in Capitalist and Post-Communist States, Berlin 1995; Stefan Liebig/Bernd Wegener, Primäre und sekundäre Ideologien. Ein Vergleich von Gerechtigkeitsvorstellungen in Deutschland und den USA, in: Hans-Peter Müller/Bernd Wegener (Hrsg.), Soziale Ungleichheit und soziale Gerechtigkeit, Opladen 1995, S. 265–293; Manfred Schmitt/Leo Montada (Hrsg.), Gerechtigkeitserleben im wiedervereinigten Deutschland, Opladen 1999.

bildung und der Rolle von Gerechtigkeitssemantiken in öffentlichen Diskursen beschäftigt[11].

Die folgenden Überlegungen zum britischen und (west-)deutschen Wohlfahrtsstaat seit 1945 sind einem institutionengeschichtlichen Ansatz verpflichtet. Sie zielen darauf ab zu rekonstruieren, welche Konzepte sozialer Gerechtigkeit der Architektur der sozialen Sicherungssysteme in beiden Ländern zugrunde liegen und ob beziehungsweise wie sie sich verändert haben. Im Vordergrund stehen nicht die Intentionen der zentralen sozialpolitischen Akteure, sondern jene Bauprinzipien, die sich schließlich – teilweise auch hinter dem Rücken der Beteiligten – in den sozialstaatlichen Arrangements institutionell verfestigt fanden und die sich daher lediglich aus der Vogelperspektive und am besten in der Retrospektive herausdestillieren lassen. Besonderes Augenmerk soll in diesem Kontext auf der Frage liegen, ob sich die in den wohlfahrtsstaatlichen Institutionen eingeschriebenen Gerechtigkeitsprinzipien in beiden Ländern seit dem Zweiten Weltkrieg grundlegend verändert haben oder ob ihr jeweiliger „genetischer Code" erhalten geblieben ist.

Den heuristischen Ausgangspunkt der Untersuchung bildet die in der Gerechtigkeitsforschung weit verbreitete Unterscheidung von drei Grundprinzipien distributiver Gerechtigkeit: Bedarfsgerechtigkeit, Leistungsgerechtigkeit (im Sinne einer Beitrags-Leistungs-Äquivalenz in Sozialversicherungssystemen) und Gleichheit *(need, merit, equality)*[12]. Greift man auf die vielgescholtene, aber ebenso vielgebrauchte Typologie Gøsta Esping-Andersens zurück[13], wird

---

[11] Vgl. Grant Reeher, Narratives of Justice. Legislator's Beliefs about Distributive Fairness, Michigan 1996; Vivien A. Schmidt, Values and Discourse in the Politics of Adjustment, in: Fritz W. Scharpf/Vivien A. Schmidt (Hrsg.), Welfare and Work in the Open Economy, Bd. 1: From Vulnerability to Competitiveness, Oxford 2000, S. 229–309; Lutz Leisering, Paradigmen sozialer Gerechtigkeit. Normative Diskurse im Umbau des Sozialstaats, in: Liebig/Lengfeld/Mau (Hrsg.), Verteilungsprobleme, S. 29–68.

[12] Vgl. David Miller, Principles of Social Justice, Cambridge 1999; Morton Deutsch, Equity, Equality and Need: What Determines Which Value Will be Used as the Basis of Distributive Justice?, in: Journal of Social Issues 31 (1975), S. 137–150; Jochen Clasen/Wim van Oorschot, Changing Principles in European Social Security, in: European Journal of Social Security 4 (2002), S. 89–115.

[13] Vgl. Gøsta Esping-Andersen, The Three Worlds of Welfare Capitalism, Cambridge 1990. Zur Kritik vgl. Jürgen Kohl, Der Wohlfahrtsstaat in vergleichender Perspektive. Anmerkungen zu Esping-Andersens „The Three Worlds of Welfare Capitalism", in: Zeitschrift für Sozialreform 39 (1993), S. 67–82; Stephan Lessenich/Ilona Ostner, Welten des Wohlfahrtskapitalismus. Der Sozialstaat in vergleichender Perspektive, Frankfurt a.M. 1998; Christian Toft, Jenseits der Dreiweltendiskussion, in: Zeitschrift für Sozialreform 46 (2000), S. 68–86.

das liberale Wohlfahrtsregime Großbritanniens häufig pauschal dem Bedarfs- beziehungsweise Bedürftigkeitsprinzip, das korporatistische oder konservative Deutschlands dem Leistungsprinzip zugeordnet. Auch das gilt es im Folgenden zu hinterfragen. Im Zentrum soll dabei zunächst das Gesundheitssystem, danach die Alterssicherung und schließlich die Absicherung gegen das Risiko der Arbeitslosigkeit stehen, bevor die Ergebnisse zusammengefasst und im Licht neuerer Entwicklungen reflektiert werden.

2. Gesundheitspolitik

Kennzeichnend für die Gesundheitssysteme beider Staaten ist eine relativ hohe Kontinuität in ihren grundlegenden Konstruktionsprinzipien. In Westdeutschland knüpfte man nach 1945 an das bereits unter Bismarck eingeführte Pflichtversicherungssystem an und etablierte ein Gesundheitswesen, in dem die organisierten Interessengruppen, vor allem die Krankenkassen und die Verbände der Ärzteschaft, eine traditionell starke Position erhielten, die sie mit weitreichender Vetomacht gegen alle ausgreifenden Reformen ausstattete. Bereits Anfang der 1960er Jahre scheiterte an ihrem Widerstand eine grundlegende Reform, welche die Bundesregierung mit dem „Krankenversicherungsneuregelungsgesetz" angestrebt hatte[14]. Obwohl sich in der Austeritätsphase seit der Mitte der 1970er Jahre der Sparzwang politisch immer nachdrücklicher artikulierte, blieb den verschiedenen Kostendämpfungsmaßnahmen, die sowohl die SPD/FDP- als auch die CDU/CSU-FDP-Koalition in Angriff nahmen, allenfalls ein zeitweiliger Erfolg beschieden. Das westdeutsche Gesundheitssystem überlebte auch die deutsche Einigung weitgehend unverändert und wurde einfach auf das Gebiet der ehemaligen DDR ausgeweitet. Aufs Ganze gesehen, blockierten die kollektiven Akteure im deutschen Gesundheitswesen jede grundlegende Strukturreform[15].

Das britische Gesundheitssystem ist bis heute durch den 1948 ins Leben gerufenen *National Health Service* (NHS) geprägt[16]. Zwar

---

[14] Vgl. Ursula Reucher, Reformen und Reformversuche in der gesetzlichen Krankenversicherung (1956–65). Ein Beitrag zur Geschichte bundesdeutscher Sozialpolitik, Düsseldorf 1999.

[15] Vgl. Bernd Rosewitz/Douglas Webber, Reformversuche und Reformblockaden im deutschen Gesundheitswesen, Frankfurt a.M. 1990.

[16] Vgl. hierzu allgemein Rudolf Klein, The Politics of the National Health Service, London 1983; Ulrike Lindner, Gesundheitspolitik in der Nachkriegszeit. Großbritannien und die Bundesrepublik Deutschland im Vergleich, München 2004.

unterwarf die Thatcher-Regierung seit 1979 den Gesundheitssektor einem rigiden Sparkurs sowie einer Reihe von – insgesamt in ihrer Reichweite weit über den deutschen Fall hinausgehenden – Reformen, die 1989 in der Einführung von marktorientierten Mechanismen und privatwirtschaftlichen Elementen kulminierten[17]. Doch blieb der NHS in seiner Grundstruktur als staatlicher Gesundheitsdienst bestehen. Einer weitergehenden Privatisierung stand nicht zuletzt die gleichsam ikonenhafte Popularität entgegen, die der NHS als nationale Institution nach wie vor in weiten Teilen der Bevölkerung genießt.

Die grundlegende Verschiedenartigkeit des britischen und des deutschen Gesundheitssystems ist immer wieder betont worden[18]. Tatsächlich gibt es weitreichende Unterschiede, von denen hier nur die wichtigsten genannt werden sollen. Erstens entspricht der britische NHS dem sogenannten Beveridge-Typ des Wohlfahrtsstaats. Es handelt sich also um einen aus Steuermitteln finanzierten staatlichen Gesundheitsdienst, zu dem alle Bürger im Wesentlichen beitragsfrei Zutritt haben. Das bundesdeutsche Gesundheitswesen dagegen beruht auf der gesetzlichen Versicherungspflicht in einer der zahlreichen Krankenkassen und regelt den Zugang über direkte oder familiär abgeleitete Versicherungszugehörigkeit (Bismarck-Typ). Charakteristisch für das deutsche Gesundheitssystem ist, zweitens, die Monopolisierung ambulanter Leistungen durch die niedergelassenen Ärzte und die anhaltend starke Stellung ihrer Interessenorganisationen, die in Großbritannien im Zuge der Konzentrationsbewegung im Gesundheitssektor seit den 1960er Jahren zunehmend erodiert ist. Drittens scheinen die beiden Systeme unter dem Aspekt der Finanzierung strukturell unterschiedliche Problemlagen aufzuweisen: Während das britische Gesundheitswesen seit seiner Gründung durch eine chronische Unterfinanzierung geprägt ist, leidet das deutsche bis heute unter einer weitgehend ungebremsten Kostendynamik.

Trotz dieser grundsätzlichen Differenzen in der Konstruktion der beiden Sicherungssysteme überwiegen jedoch unter dem Gesichtspunkt der institutionell verankerten Gerechtigkeitsprinzipien die Gemeinsamkeiten: Die individuelle Beitragsbemessung folgt, erstens, sowohl beim NHS als auch im Fall der deutschen gesetzlichen Krankenversicherung dem Prinzip der wirtschaftlichen Leis-

---

[17] Vgl. Ulrike Lindner, Die Krise des Wohlfahrtsstaats im Gesundheitssektor. Bundesrepublik Deutschland, Großbritannien und Schweden im Vergleich, in: AfS 47 (2007), S. 297–324, hier S. 314–318.

[18] Vgl. etwa Lindner, Gesundheitspolitik, S. 119.

tungsfähigkeit, wobei diese in beiden Staaten mit dem Erwerbseinkommen gleichgesetzt wird. Das gilt für den NHS, der überwiegend durch Steuern finanziert wird, mit leichten Abstrichen aber auch für die gesetzliche Krankenversicherung der Bundesrepublik, deren Beiträge bis zur Beitragsbemessungsgrenze proportional mit dem Bruttolohn ansteigen.

Unter dem Aspekt der Zugangsgerechtigkeit herrscht, zweitens, in beiden Systemen das Gleichheitsprinzip vor. Zum NHS haben alle in Großbritannien ansässigen Personen Zutritt. In der Bundesrepublik waren 1949 bereits 72 Prozent, 1959 dann sogar 85 Prozent der Bevölkerung und damit nur unwesentlich weniger als heute (circa 90 Prozent) gesetzlich krankenversichert[19]. Der Mitgliederkreis der Krankenkassen setzt sich aus den als Arbeitnehmern direkt Pflicht- oder freiwillig Versicherten, den mitversicherten Familienangehörigen und aus nichterwerbstätigen Gruppen zusammen, von denen die Rentner die größte bilden. Ein Ausscheiden aus dem staatlichen beziehungsweise gesetzlichen System ist in beiden Ländern nicht als Exklusion Minderprivilegierter, sondern als privater Ausstieg für Wohlhabende und Sondergruppen konzipiert. Dabei ist das Solidarprinzip in Großbritannien stärker ausgeprägt: Zwar verfügen viele Besserverdienende über eine private Zusatzversicherung für Sonderleistungen, doch tragen sie durch ihre Steuern zur Finanzierung des NHS bei und nutzen ihn zumeist auch für ihre Grundversorgung[20]. In Deutschland dagegen scheiden die Privatversicherten – gut verdienende Arbeitnehmer, die über der Versicherungspflichtgrenze liegen, Selbständige und Beamte – ganz aus der gesetzlichen Pflichtversicherung aus.

Die Leistungsgewährung, also die Behandlung, geschieht, drittens, sowohl im NHS als auch bei den Versicherten der deutschen Krankenversicherung nach dem Bedarfsprinzip, das heißt abhängig von der Erkrankung und ohne Ansehen des zuvor geleisteten Beitrags[21]. Auf diese Weise wird in beiden Systemen eine nicht un-

---

19 Vgl. Florian Tennstedt, Sozialgeschichte der Sozialversicherung, in: Maria Blohmke (Hrsg.), Handbuch der Sozialmedizin, Bd. 3: Sozialmedizin in der Praxis, Stuttgart 1976, S. 385–492, hier S. 422; Deutscher Bundestag, Drucksache 15/530: Gutachten 2003 des Sachverständigenrates für die Konzertierte Aktion im Gesundheitswesen, Bd. 1, S. 26.

20 Vgl. Lindner, Krise, S. 317f.

21 Die ausschließliche Orientierung der Behandlung am Prinzip des medizinischen Bedarfs ist jedenfalls die beiden Systemen zugrundeliegende, in der Praxis freilich nicht immer konsequent umgesetzte regulative Idee. So führte der Kostendruck gerade im britischen Gesundheitssystem de facto immer wieder dazu, dass einzelne Patientengruppen – etwa ältere Menschen – von bestimmten medizinischen Leistungen ausgeschlossen wurden.

erhebliche redistributive Wirkung erzielt, die freilich nicht das intendierte Ziel darstellt, sondern lediglich als „Mittel zum Zweck" billigend in Kauf genommen wird[22]. Das Zusammenspiel von solidarischer Finanzierung nach dem Leistungsfähigkeitsprinzip und Leistungserbringung nach dem Bedarfsprinzip führt zu Umverteilungswirkungen in vier verschiedenen Dimensionen: von Gesunden zu Kranken, von Beziehern hoher Einkommen zu solchen mit niedrigeren Löhnen und Gehältern, von Alleinstehenden zu Familien, deren Mitglieder beitragsneutral mitversichert sind, und von Jungen zu Alten. Dabei können sich die unterschiedlichen distributiven Effekte bei den einzelnen Versicherten beziehungsweise Steuerzahlern überlagern und gegenläufig wirken. Daher bleibt der distributive Saldo des Einzelnen quantitativ intransparent und ändert sich zudem regelmäßig im Zeitlauf[23].

3. Sicherung im Alter

Sowohl in Großbritannien als auch in der Bundesrepublik Deutschland kam es nach dem Zweiten Weltkrieg zu tiefgreifenden Reformen in der öffentlichen Alterssicherung. In Großbritannien stand die institutionelle Neugestaltung ebenso wie die ihr vorangehende politische Debatte ganz unter dem Primat der Armutsvermeidung. Die große Popularität des 1942 vorgelegten Beveridge-Plans zur Neuordnung der sozialen Sicherungssysteme lässt sich nicht zuletzt darauf zurückführen, dass er Leistungen für jedermann und ohne jene als entwürdigend angesehene Bedürftigkeitsprüfungen in Aussicht stellte, welche zur Tradition des britischen *Poor Law* gehörten[24]. Die weitgehende Umsetzung des Beveridge-Plans durch die *Labour*-Regierung unter Clement Attlee führte im Bereich der Alterssicherung ab 1948 zur *Basic State Pension*, die als staatliche Mindestsicherung konzipiert war. Dabei handelte es sich – anders als etwa in Schweden – nicht um eine universalisierte Staatsbürgerrente; ihr Bezug war vielmehr abhängig von der vorangehenden Beitragsleistung in den *National Insurance Fund*. Doch war das hierin zum Ausdruck kommende Äquivalenzprinzip in der britischen Altersgrundsicherung nie dominant und schwächte sich zudem im Laufe

---

22 Vgl. Carsten G. Ullrich, Sozialpolitische Gerechtigkeitsprinzipien, empirische Gerechtigkeitsüberzeugungen und die Akzeptanz sozialer Sicherungssysteme, in: Liebig/Lengfeld/Mau (Hrsg.), Verteilungsprobleme, S. 69–96, hier S. 73f.

23 Vgl. Deutscher Bundestag, Drucksache 15/530, Bd. 1, S. 26f.

24 Vgl. Franz-Xaver Kaufmann, Varianten des Wohlfahrtsstaats. Der deutsche Sozialstaat im internationalen Vergleich, Frankfurt a.M. 2003, S. 139ff.

der Zeit deutlich ab. Das galt zumal, als seit der Mitte der 1970er Jahre die Beiträge nicht länger pauschal, sondern einkommensabhängig erhoben wurden, die *Basic State Pension* dagegen das blieb, was sie auch zuvor gewesen war: eine für alle Anspruchsberechtigten gleiche Pauschalrente.

So klar mithin in der institutionellen Konstruktion der britischen Basisrente das Gleichheitsprinzip vorherrschte, so deutlich wiesen ihre Initiatoren von Beginn an darauf hin, dass sie nicht darauf abzielte, den Rentenbeziehern ein bequemes und sorgenfreies Leben zu sichern, sondern der privaten Altersvorsorge einen hohen Stellenwert einräumte. Bereits der *Beveridge Report* stellte unmissverständlich fest:

> „Social security must be achieved by co-operation between the State and the individual. [...] The State in organising security should not stifle incentive, opportunity, responsibility; in establishing a national minimum, it should leave room and encouragement for voluntary action by each individual to provide more than that minimum for himself and his family."[25]

Es ging um eine Alterssicherung auf dem Niveau des Existenzminimums, nicht um mehr. Auch diesem bescheidenen Ziel wurde die *Basic State Pension* freilich nie gerecht. Bereits 1948, im ersten Jahr ihrer Existenz, waren 638000 Personen im Rentenalter auf die bedürftigkeitsabhängige *National Assistance* angewiesen. Bis 1951 wuchs diese Zahl auf 969000 an, da die Rentensteigerungen mit der Nachkriegsinflation nicht Schritt hielten[26]. In den 1960er und 1970er Jahren konnte die staatliche Basisrente gegenüber den Löhnen etwas aufholen; seither ging ihre relative Bedeutung als Element der Alterssicherung kontinuierlich zurück. 1979 wurde ihre jährliche Steigerungsrate vom Lohnwachstum abgekoppelt und auf einen reinen Inflationsausgleich reduziert. Das hatte zur Folge, dass die Rentenentwicklung immer mehr hinter den Löhnen zurückblieb. Hatte sich die *Basic State Pension* 1974 noch auf 24 Prozent des Durchschnittslohns belaufen, waren es 2008 nur noch 16 Prozent[27].

Das unzureichende Versorgungsniveau der öffentlichen Alterssicherung und das Ausmaß an sozialer Ungleichheit im Alter, das

---

[25] Social Insurance and Allied Services, Report by Sir William Beveridge, Cmd. 6404 (1942), S.6f.
[26] Vgl. Pat Thane, Old Age in English History. Past Experiences, Present Issues, Oxford 2000, S.371.
[27] Vgl. Pensions Policy Institute, The Pensions Primer, June 2008, S.5; Pensions: Challenges and Choices. The First Report of the Pensions Comission, 2004, S.132.

sich abzeichnete, da betriebliche und private Altersversorgung nur einer Minderheit offenstanden, ließen schon bald Rufe nach Reformen laut werden. Bereits 1955 beklagte Richard M. Titmuss, der führende sozialpolitische Experte der 1950er Jahre, die zunehmende Absicherung einer privilegierten Minderheit durch betriebliche Rentenansprüche drohe, „two nations in old age, greater inquality in living standards after work than in work" zu schaffen[28]. Der wachsende politische Druck, der auf eine allgemeine einkommensbezogene öffentliche Rente zielte, fand seinen ersten Niederschlag im *Graduate Retirement Pension Scheme* (GRPS), einer staatlichen Staffelrente, welche die konservative Regierung Macmillan 1959 in Ergänzung der Basisrente beschloss. Dabei handelte es sich jedoch allenfalls um einen halbherzigen Versuch, ja eine minimalistische Lösung, deren Rentenerträge die zum Teil erhebliche Inflation der Folgejahre mangels Indexierung der Leistungen schon bald auf eine *Quantité négligiable* reduzierte[29].

Deutlich weiter ging die 1975 von der *Labour Party* durchgesetzte Reform, welche mit dem *State Earnings Related Pension Scheme* (SERPS) eine an die Lohn- beziehungsweise Preisentwicklung gekoppelte, nach dem Leistungsprinzip gestaltete staatliche Zusatzrente an die Stelle der Staffelrente treten ließ. SERPS zielte ursprünglich bei vollem Anspruch auf Rentenleistungen in Höhe von 25 Prozent des zur Beitragsbemessung herangezogenen Einkommens. Dieses Ziel wurde jedoch, wie SERPS überhaupt, nur kurze Zeit aufrecht erhalten. Kaum (seit 1978) in Kraft, entging es zwar knapp seiner von der Thatcher-Regierung beabsichtigten Abschaffung, musste aber, besonders durch den *Social Security Act* 1986, deutliche Leistungskürzungen hinnehmen, welche die Lohnersatzquote auf 20 Prozent reduzierten[30]. Seinen Todesstoß erhielt SERPS schließlich durch die Blair-Regierung, die es 2002 auslaufen ließ, wobei die erworbenen Rentenansprüche noch über Jahrzehnte bestehen und ausgezahlt werden. An seinen Platz als staatliche Zusatzrente setzte *New Labour* 2002 die *State Second Pension* (S2P), die jedoch anders als SERPS langfristig als Pauschalrente für Geringverdiener, also

---

28 Richard M. Titmuss, Pension Systems and Population Change (1955), in: ders., Essays on the Welfare State, London 1958, S. 56–74, hier S. 73.

29 Die maximale Rentenleistung aus dem GRPS beträgt heute pro Woche £ 9,44 für Männer und £ 7,91 für Frauen; vgl. Pensions Primer, S. 8.

30 Vgl. Lutz Leisering u. a., Vom produzierenden zum regulierenden Wohlfahrtsstaat. Eine international vergleichende und interdisziplinäre Studie des Wandels der Alterssicherung in Europa, Bielefeld 2002, S. 98 (REGINA Working Paper Nr. 2).

ebenso wie die *Basic State Pension* nicht nach dem Leistungs-, sondern nach dem Gleichheitsprinzip, konzipiert ist[31].

Das britische System der Alterssicherung wäre unzureichend beschrieben, wenn man versäumte, zwei Grundmerkmale hervorzuheben, welche die skizzierten Veränderungen im Kernbereich staatlicher Altersvorsorge überdauert und mit der Zeit sogar noch an Bedeutung gewonnen haben. Erstens gilt es, die traditionell wichtige Rolle der betrieblichen und privaten Altersvorsorge in Großbritannien zu betonen. Heute stammt fast die Hälfte (47 Prozent) der Einkommen der britischen Rentnerinnen und Rentner aus dieser Quelle[32]. Der Ausbau der zweiten und dritten Säule der Alterssicherung ist staatlicherseits durch die Ermöglichung des *Contracting-out* – der Befreiung von der Versicherungspflicht in der öffentlichen Zusatzversicherung bei Bestehen einer bestimmten Mindestanforderungen genügenden privaten Vorsorge – massiv gefördert worden. Auch die neuesten Maßnahmen von *New Labour* zielen auf die weitere Generalisierung von Formen privater und betrieblicher Altersvorsorge, zudem aber auch auf deren zunehmende sozialpolitische Regulierung.

Zweitens muss auf die Altersarmut, die kontinuierlich hoch war, und die damit korrespondierende zentrale Stellung des Bedürftigkeitsprinzips in der britischen Alterssicherung hingewiesen werden, die im offenen Widerspruch zu ihrem immer wieder bekräftigten Hauptziel der Armutsvermeidung stehen und sie, gemessen an ihren eigenen Ansprüchen, als weithin gescheitert erscheinen lassen. Circa 60 Prozent der Rentnerinnen und Rentner haben in Großbritannien heute nach offiziellen Schätzungen Anspruch auf mindestens eine jener staatlichen Leistungen, die eine Bedürftigkeitsprüfung voraussetzen (*Pension Credit, Housing Benefit, Council Tax Benefit*)[33]. Aus Unwissenheit oder Angst vor sozialem Stigma nehmen davon jedoch nur ungefähr zwei Drittel die Leistungen auch tatsächlich in Anspruch[34]. Altersarmut hat in Großbritannien einen klaren Geschlechterbias: Frauen – und ganz besonders alleinstehende Frauen – sind unter den Bedürftigen deutlich überrepräsentiert.

---

[31] Vgl. Department for Work and Pensions, Security in Retirement. Towards a New Pension System, May 2006, S. 17.
[32] Vgl. Pensions Policy Institute, Pension Facts, December 2008, S. 3.
[33] Vgl. Department of Work and Pensions, Projections of Entitlement to Income Related Benefits to 2050; http://www.dwp.gov.uk/pensionsreform/pdfs/Projections-of-entitlement-to-incomeRelatedBenefitsJune2008.pdf.
[34] Vgl. Department of Work and Pensions, Income Related Benefits Estimates of Take-Up in 2006–07, 2008, S. 11 und S. 29.

In der Bundesrepublik Deutschland erfolgte die entscheidende Weichenstellung in der Alterssicherung mit der umfassenden Rentenreform von 1957. Sie etablierte ein Alterssicherungssystem, das in der Folgezeit – sieht man von einigen Sondergruppen wie den Beamten ab – praktisch auf die gesamte Bevölkerung ausgedehnt wurde und in seinen Grundstrukturen bis heute Bestand hat. Die Beiträge zur Rentenversicherung wurden und werden nach Maßgabe der wirtschaftlichen Leistungsfähigkeit aufgebracht: Bis zur Beitragsbemessungsgrenze steigen die Beiträge proportional mit dem Bruttolohn an, wobei die Hälfte vom Arbeitnehmer, die andere Hälfte vom Arbeitgeber gezahlt wird. Auf der Leistungsseite war die Rentenreform von 1957 in ihren Zielen weit ambitionierter als die Neuordnung der britischen Alterssicherung zehn Jahre zuvor: Sie zielte nicht nur auf die Vermeidung von Altersarmut, sondern darüber hinaus auch auf den Funktionswandel der Rente von einem Zuschuss zum Lebensunterhalt zu einem nahezu vollwertigen Lohnersatz und auf die Bewahrung des im Arbeitsleben erworbenen sozialen Status[35].

Dabei war die institutionell dominierende Gerechtigkeitsvorstellung das Leistungsäquivalenzprinzip. Die Rentenhöhe war und ist abhängig von der Höhe der zuvor geleisteten Beiträge und der Länge der Beitragszeiten. Von Beginn an wurde diese Norm durch Regelungen durchbrochen, welche die neue Alterssicherung als Sozialversicherung qualifizierten. Hierzu zählten etwa die Hinterbliebenenversorgung und die ausgleichende Anrechnung von beitragsfreien Zeiten, die auf Standardrisiken wie Krankheit oder zeitweilige Erwerbsminderung zurückzuführen sind. Gleichzeitig enthielt die Rentenreform mit der massiven Anhebung des allgemeinen Rentenniveaus und der Dynamisierung der Renten (also ihrer Kopplung an die Entwicklung der Löhne) wesentliche Elemente der Norm einer Gleichheit zwischen den Altersgruppen. Beide Gerechtigkeitsprinzipien – die auf der Vorstellung ungleicher Leistungen im früheren Erwerbsleben ruhende Ungleichheitsnorm innerhalb der Gruppe der Rentenempfänger einerseits und das Prinzip der Parallelentwicklung der Einkommen der bereits aus dem Arbeitsleben ausgeschiedenen und der noch im Beruf stehenden Arbeitnehmer

---

35 Vgl. Hans Günter Hockerts, Sicherung im Alter. Kontinuität und Wandel der gesetzlichen Rentenversicherung 1889–1979, in: Werner Conze/M. Rainer Lepsius (Hrsg.), Sozialgeschichte der Bundesrepublik Deutschland. Beiträge zum Kontinuitätsproblem, Stuttgart 1983, S. 296–323, hier S. 312ff.; Hans Günter Hockerts, Die Rentenreform 1957, in: Franz Ruland (Hrsg.), Handbuch der gesetzlichen Rentenversicherung, Neuwied 1990, S. 93–104.

andererseits – verbanden sich zu der in Deutschland dominanten Vorstellung der Lebensstandardsicherung[36].

Gemessen an ihren Leistungszielen, kann die deutsche Rentenversicherung im vergangenen halben Jahrhundert, aufs Ganze gesehen, als erfolgreich bezeichnet werden. Bereits die Rentenreform von 1957 führte zu einer Anhebung der Renten um durchschnittlich 65 Prozent. Einen weiteren Meilenstein expansiver Alterssicherungspolitik bildete die Rentenreform von 1972, die unter anderem die (freilich nicht mit einer Mindestrente zu verwechselnde) „Rente nach Mindesteinkommen“ und weitere umfangreiche Leistungsverbesserungen brachte. Hinzu kam, dass die Rentenentwicklung bis 1992 an die Steigerung der Bruttolöhne gekoppelt war und daher die langsamer steigenden Nettolöhne in ihrer Wachstumsrate zeitweise deutlich übertraf. Im Ergebnis hatte all das zur Folge, dass die Nettolohnersatzrate, also die Rentenleistung des Durchschnittsverdieners bei voller Beitragszeit (45 Versicherungsjahre) in Relation zum letzten Nettoverdienst in den 1970er Jahren einen Wert von rund 70 Prozent erreichte, um den sie seither schwankt[37]. Auch unter dem Aspekt der Bekämpfung von Altersarmut erwies sich das deutsche Alterssicherungssystem als effektiv: 1994 lag die Armutsquote der über 65jährigen in Deutschland bei 7,0 Prozent und damit auf einem international vergleichsweise niedrigen Niveau, das von Großbritannien mit 13,7 Prozent weit übertroffen wurde[38]. Der Abbau der Altersarmut schritt in der Bundesrepublik auch nach der Mitte der 1970er Jahre noch voran, als die gesamtgesellschaftliche Armutsquote bereits wieder moderat anstieg. Eine Konsequenz des hohen Leistungsniveaus der deutschen Rentenversicherung liegt darin, dass die betriebliche und private Alterssicherung in Deutschland bis in die jüngste Vergangenheit lediglich eine untergeordnete Rolle spielte.

Im Hinblick auf die Bedeutung des in der gesetzlichen Rentenversicherung traditionell zentralen Prinzips der Leistungsgerechtig-

---

36 Vgl. den Beitrag von Lutz Leisering und Christian Marschallek in diesem Band.

37 Vgl. Johannes Frerich/Martin Frey, Handbuch der Geschichte der Sozialpolitik in Deutschland, Bd. 3: Sozialpolitik in der Bundesrepublik Deutschland bis zur Herstellung der Deutschen Einheit, München ²1996, S. 44; Kay Bourcarde, Die Reform der Gesetzlichen Rentenversicherung, in: Zeitschrift für Wachstumsstudien 2/2006, S. 16–24, hier S. 16.

38 Armutsquote: Weniger als 50 Prozent des Median-Äquivalenzeinkommens; vgl. Martin Kohli, Alt – Jung, in: Stephan Lessenich/Frank Nullmeier (Hrsg.), Deutschland – eine gespaltene Gesellschaft, Frankfurt a.M. 2006, S. 115–135, hier S. 126.

keit lassen sich in den letzten Jahrzehnten uneinheitliche Tendenzen beobachten. Auf der einen Seite wurde der Grundsatz der Beitrags-Leistungs-Äquivalenz gestärkt, etwa durch den sukzessiven Abbau der Anrechnungsfähigkeit von schulischen und universitären Ausbildungszeiten seit 1992 und ihre vollständige Abschaffung ab Anfang 2005[39]. In die gleiche Richtung weist die schrittweise Zurücknahme von Frühverrentungsmöglichkeiten beziehungsweise die Einführung von Leistungsabschlägen bei einem Renteneintritt vor dem gesetzlichen Rentenalter seit Ende der 1980er Jahre[40]. Auf der anderen Seite lässt sich in anderen Bereichen eine Schwächung des Äquivalenzprinzips konstatieren. Das gilt vor allem für den konsequenten Ausbau der Berücksichtigung von Kindererziehungszeiten im Rentenrecht seit 1986, welche die Lockerung des Beitrags-Leistungs-Zusammenhangs zugunsten des Ausgleichs zwischen den Geschlechtern beziehungsweise zwischen Familien und Kinderlosen in Kauf nimmt.

Die Rentenreformen von 2001 und 2004 schließlich markieren in mehrfacher Hinsicht einen strukturellen Wandel im System der deutschen Alterssicherung. Das trifft zunächst einmal auf den Bedeutungszuwachs der betrieblichen und privaten Altersvorsorge zu, die sowohl politisch gefördert als auch sozialpolitischen Regulativen unterworfen wird[41]. Die beabsichtigte Stärkung der zweiten und dritten Säule der Alterssicherung hängt unmittelbar damit zusammen, dass die Leistungen der gesetzlichen Rentenversicherung auf mittlere und lange Frist deutlich beschnitten wurden. Durch Änderungen der Rentenformel und ihre Erweiterung um einen Nachhaltigkeitsfaktor wird das Nettorentenniveau nach übereinstimmenden Modellrechnungen des Verbands Deutscher Rentenversicherungsträger und der OECD bis 2030 voraussichtlich bis auf circa 58 Prozent (aktuell: 67 Prozent) sinken[42]. Damit bleibt das Prinzip

---

[39] Vgl. Deutsche Rentenversicherung, Anrechnung schulischer Ausbildungszeiten in der Rentenversicherung; http://www.deutsche-rentenversicherung-bund.de/nn_6986/DRVB/de/Inhalt/Presse/Hintergrundinfos/anrechnung_ schulischer_ausbildungszeiten.html.

[40] Vgl. Bernhard Ebbinghaus/Isabelle Schulze, Krise und Reform der Alterssicherung in Europa, in: AfS 47 (2007), S. 269–296, hier S. 286ff.

[41] Vgl. Lutz Leisering, Privatisierung der Alterssicherung als komplexe Ordnungsbildung. Zur Entstehung von Wohlfahrtsmärkten und regulativer Staatlichkeit, in: Ulrich Becker u. a. (Hrsg.), Alterssicherung in Deutschland, Baden-Baden 2007, S. 189–219; Frank Berner, Beyond the Distinction Between Public and Private: Hybrid Welfare Production in German Old-Age Security, Bielefeld 2006 (REGINA Working Paper Nr. 10).

[42] Vgl. Verband Deutscher Rentenversicherungsträger, Stellungnahme zum RV-Nachhaltigkeitsgesetz, Februar 2004, S. 29; Organisation for Economic

der Beitrags-Leistungs-Äquivalenz zwar erhalten, verliert jedoch infolge der mit der Absenkung des Gesamtniveaus verbundenen Stauchung der Rentenungleichheitsspanne an Bedeutung. Die im deutschen gesetzlichen Rentensystem vormals stark ausgeprägte Norm der Gleichheit zwischen den Altersgruppen wird ebenso aufgegeben wie das Ziel der Lebensstandardsicherung. Angesichts der vergleichsweise niedrigen Lohnersatzraten für Geringverdiener – ihrerseits eine Folge des Äquivalenzprinzips – und des Fehlens einer bedürftigkeitsunabhängigen Altersgrundsicherung dürfte diese Entwicklung in den nächsten Jahren – bei unveränderter Gesetzeslage – mit einer Zunahme der Altersarmut und einem Bedeutungszuwachs des Bedürftigkeitsprinzips im System der deutschen Alterssicherung korrespondieren.

4. Arbeitslosigkeit

Ebenso wie die staatliche Altersgrundsicherung ist die soziale Sicherung gegen Arbeitslosigkeit in Großbritannien integraler Bestandteil des *National Insurance*-Systems, das von der *Labour*-Regierung kurz nach dem Zweiten Weltkrieg eingeführt wurde[43]. Während die ursprünglich von Beveridge als Pauschalabgaben konzipierten Beiträge zum *National Insurance Fund* seit 1975 einkommensabhängig und damit nach Maßgabe der wirtschaftlichen Leistungsfähigkeit erhoben werden, erhalten jene Arbeitnehmer, die ihre Arbeit verlieren und aufgrund von Beitragsleistungen Anspruch auf Arbeitslosengeld haben, nach wie vor *flat-rate benefits*: einen für alle gleichen Einheitssatz. Das britische System der Absicherung gegen Arbeitslosigkeit trägt insgesamt einen residual-egalitären Charakter: Arbeitslosengeld wird ohne Bezug zum vorherigen Einkommen und auf einem niedrigen Niveau gezahlt (zur Zeit 12,6 Prozent des Medianeinkommens)[44].

Co-Operation and Development, Pensions at a Glance. Public Policies Across OECD Countries, Paris 2007, S. 35 und S. 129.

43 Vgl. Jose Harris, Beveridge's Social and Political Thought, in: John Hills/John Ditch/Howard Glennerster (Hrsg.), Beveridge and Social Security. An International Retrospective, Oxford 1994, S. 23–36; Brian Abel-Smith, The Beveridge-Report: Its Origins and Outcomes, in: ebenda, S. 10–22; Paul Johnson, The Welfare State, Income and Living Standards, in: Roderick Floud/Paul Johnson (Hrsg.), The Cambridge Economic History of Modern Britain, Bd. 3: Structural Change and Growth, 1939–2000, Cambridge 2004, S. 213–237.

44 Eigene Berechnungen nach Department for Social Development, Jobseeker's Allowance – General Information, http://www.dsdni.gov.uk/index/ssa/benefitinformation/a-z_of_benefits/jobseekers_allowance_gbi/

Der vorherrschende Trend im britischen System der Absicherung gegen Arbeitslosigkeit liegt seit den späten 1970er Jahren in der Zurückdrängung des Gleichheitsprinzips durch das Bedürftigkeitsprinzip. Nachdem zuvor über anderthalb Jahrzehnte hinweg die Bedingungen für einen Leistungsbezug aus der Sozialversicherung immer weiter verschärft worden waren[45], führten die bis heute gültigen Regelungen der *Job Seekers' Allowance* 1996 die beitragsabhängigen Zahlungen aus der Arbeitslosenversicherung *(contributory benefits)* und die steuerfinanzierten, eine Bedürftigkeitsprüfung voraussetzenden Leistungen an Arbeitslose *(means-tested benefits)* in einem Schema zusammen. Gleichzeitig wurde die maximale Bezugsdauer des beitragsabhängigen Arbeitslosengelds von zwölf auf sechs Monate reduziert. Das Ergebnis dieser wie auch weiterer gleichgerichteter Maßnahmen war, dass der Anteil derjenigen, die Arbeitslosengeld aus der Arbeitslosenversicherung bezogen, von 1979/80 bis 2001/02 von 45 auf neun Prozent zurückging[46]. Die *means-tested benefits* spielen dementsprechend bei der sozialen Sicherung gegen Arbeitslosigkeit in Großbritannien heute eine dominierende Rolle.

In der Bundesrepublik wurde mit der Novellierung des Gesetzes über Arbeitsvermittlung und Arbeitslosenversicherung Mitte der 1950er Jahre das im Grundsatz bis vor wenigen Jahren geltende Doppelsystem von Arbeitslosengeld und Arbeitslosenhilfe etabliert. Arbeitslosengeld erhielten Arbeitslose, solange sie Ansprüche aus Beitragszahlungen in die Arbeitslosenversicherung geltend machen konnten. Die Bemessung folgte dem Leistungsprinzip: Das Arbeitslosengeld belief sich auf einen festgesetzten Prozentsatz des zuvor erzielten Erwerbseinkommens. War ihr Anspruch aufgebraucht, bezogen die Arbeitslosen – im Prinzip zeitlich unbefristet – die aus Steuermitteln finanzierte Arbeitslosenhilfe. Unter dem Aspekt der in ihr eingelassenen Gerechtigkeitsprinzipien verkörperte diese eine Mischform: Während der Anspruch auf Arbeitslosenhilfe Bedürftigkeit voraussetzte, lag ihrer finanziellen Bemessung ebenso wie beim Arbeitslosengeld das Äquivalenzprinzip zugrunde. Die Höhe beider Lohnersatzleistungen orientierte sich am zuvor erzielten Brutto- beziehungsweise Nettoeinkommen. In der Spitze (1975)

jobseekers_allowance_gen eral_info.htm, und National Statistics, Earnings; http://www.statistics.gov.uk/cci/ nugget.asp?id=285 (gilt für Arbeitslose über 25 Jahre).

45 Vgl. Anthony B. Atkinson/John Micklewright, Turning the Screw. Benefits for the Unemployed, 1979–1988, in: Andrew Dilnot/Ian Walker (Hrsg.), The Economics of Social Security, Oxford 1989, S. 17–51.

46 Clasen/van Oorschot, Changing Principles, S. 106.

erreichte die Nettolohnersatzrate 68 Prozent beim Arbeitslosengeld und 58 Prozent bei der Arbeitslosenhilfe[47]. Leitidee bei der Konzipierung beider Unterstützungsleistungen war der weitgehende Erhalt des zuvor erreichten Lebensstandards.

Nach einer Reihe von Verschärfungen im Hinblick auf Anspruchsvoraussetzungen, Bezugsdauer und Höhe von Arbeitslosengeld und -hilfe seit der Mitte der 1970er Jahre, die jedoch das grundlegende Organisationsprinzip des bestehenden Sicherungssystems unangetastet ließen, kam es schließlich mit den von der rot-grünen Koalition durchgesetzten Hartz-Reformen zu einer institutionellen Zäsur. Ebenso wie die *Job Seekers' Allowance* ein Jahrzehnt zuvor, nur auf einem insgesamt höheren Leistungsniveau, legte das „Vierte Gesetz für moderne Dienstleistungen am Arbeitsmarkt" (Hartz IV) ab Januar 2005 die Arbeitslosenhilfe und die Sozialhilfe für Erwerbsfähige in einem einheitlichen Leistungssystem zusammen. Arbeitslose, deren Ansprüche auf Arbeitslosengeld erschöpft sind, sowie erwerbsfähige ehemalige Sozialhilfeempfänger erhalten seitdem im Rahmen einer „Grundsicherung für Arbeitssuchende" bedürftigkeitsabhängig pauschalierte Regelsätze zur Existenzsicherung (Arbeitslosengeld II)[48]. Gleichzeitig wurde die Bezugsdauer des jetzt als Arbeitslosengeld I bezeichneten Arbeitslosengelds auf in der Regel 12 Monate begrenzt. Im Ergebnis bewirkten diese Maßnahmen einen Paradigmenwechsel: Hatte zuvor das Ziel der Statussicherung der Arbeitslosen vorgeherrscht, fand sich dieses nun durch die Einführung des Arbeitslosengelds II zugunsten der Ausrichtung auf die Sicherung des soziokulturellen Existenzminimums zurückgedrängt. Unter dem Gesichtspunkt des inkorporierten Ge-

---

[47] Vgl. Günther Schmid/Frank Oschmiansky, Arbeitsmarktpolitik und Arbeitslosenversicherung, in: Martin H. Geyer (Hrsg.), Geschichte der Sozialpolitik in Deutschland seit 1945, Bd. 6: 1974–1982 – Bundesrepublik Deutschland, Baden-Baden 2008, S. 311–363, hier 322. Zur Arbeitsmarktpolitik vgl. auch die einschlägigen Beiträge von Günther Schmid, Nicola Wiebe und Frank Oschmiansky in der elfbändigen, vom Bundesministerium für Arbeit und Soziales zusammen mit dem Bundesarchiv herausgegebenen Geschichte der Sozialpolitik in Deutschland seit 1945, Baden-Baden 2001–2008: Bd. 3, S. 267–320, Bd. 4, S. 235–283, Bd. 5, S. 331–379, und Bd. 7, S. 239–287.

[48] Vgl. Petra Dobner, Neue Soziale Frage und Sozialpolitik, Wiesbaden 2007, S. 112–118; Daniel Clegg, Continental Drift. On Unemployment Policy Change in Bismarckian Welfare States, in: Social Policy and Administration 41 (2007), S. 597–617; Achim Kemmerling/Oliver Bruttel, „New Politics" in German Labour Market Policy? The Implications of the Recent Hartz Reforms for the German Welfare State, in: West European Politics 29 (2006), S. 90–112.

rechtigkeitsgrundsatzes bedeutet das, dass auch in Deutschland das Bedürftigkeitsprinzip – hier auf Kosten des Leistungsprinzips – an Boden gewann.

5. Ergebnisse

Versucht man zum Abschluss, die gewonnenen Ergebnisse zu verdichten, so ist als erstes zu betonen, dass sich aus institutionengeschichtlicher Perspektive weder in Großbritannien noch in Deutschland nach 1945 ein einheitliches Gerechtigkeitsprinzip feststellen lässt, das dem gesamten Bauplan des Wohlfahrtsstaats zugrunde gelegen und alle Bereiche sozialer Sicherung organisiert hätte. Eine gewisse Einheitlichkeit besteht lediglich im Hinblick auf die Finanzierung sozialstaatlicher Leistungen. In beiden Fällen herrscht hier das Leistungsfähigkeitsprinzip vor: Die Beiträge und Steuern, aus denen sich die Ausgaben für den Sozialstaat speisen, werden – in Großbritannien gilt das uneingeschränkt erst seit 1975 – nicht in Form von Pauschalabgaben, sondern abhängig von der Einkommenshöhe erhoben. Das spiegelt einen in beiden Ländern anzutreffenden solidarischen Grundkonsens wider, der zwar nicht in erster Linie auf Umverteilung angelegt ist, ein gewisses Maß an redistributiven Wirkungen zur Erreichung des Sicherungsziels aber billigend in Kauf nimmt. Dabei scheint der Redistributionsgedanke im deutschen Fall institutionell weniger tief verankert zu sein als im britischen, da die Finanzierung der sozialen Sicherungssysteme in der Bundesrepublik primär auf der Erhebung von einkommensproportionalen Sozialversicherungsbeiträgen mit Beitragsbemessungsgrenzen beruht, während sie sich in Großbritannien vor allem aus progressiv konzipierten Steuern speist. Doch ist die Sozialleistungsquote der Bundesrepublik deutlich höher als die des Vereinigten Königreichs und mit ihr auch der Gesamtumfang des Redistributionspotentials.

Im Gegensatz zur Finanzierungsseite basiert der Wohlfahrtsstaat in Großbritannien wie in Deutschland auf seiner Leistungs- und Ausgabenseite sowohl als Ganzes als auch in seinen Teilsystemen auf einem – in seiner konkreten Ausprägung freilich sehr unterschiedlichen – Amalgam verschiedener Gerechtigkeitsprinzipien. Parallelen zeigen sich vor allem im Gesundheitssystem, das in beiden Ländern auf einer Kombination von Zugangsgleichheit und Behandlung nach dem Bedarfsprinzip beruht. Deutlich größere Differenzen treten dagegen in der Sicherung gegen Arbeitslosigkeit und in der Alterssicherung zutage, wobei dem wohlfahrtsstaatlichen Arrangement in Großbritannien eine Verbindung von Gleichheits- und Bedürftigkeitsprinzip eigen ist, während in der Bundesrepublik traditionell der Grundsatz der Beitrags-Leistungs-Äquivalenz tief verwurzelt ist.

Fragt man nach neueren Entwicklungstendenzen, ist für beide Wohlfahrtsstaaten zunächst auf die wachsende Bedeutung des Bedürftigkeitsprinzips besonders in der sozialstaatlichen Bearbeitung des Risikos Arbeitslosigkeit zu verweisen. Das trifft für Großbritannien bereits auf die Zeit seit 1979, für die Bundesrepublik mit einer deutlichen Zeitverschiebung von einem Vierteljahrhundert erst auf die jüngste Vergangenheit mit ihren grundlegenden Strukturreformen zu. Eine derartige Konvergenz deutet sich durchaus auch auf dem Gebiet der Alterssicherung an, wo sich in Deutschland durch die Weichenstellungen der letzten Jahre ein Bedeutungsverlust der staatlichen Rentenleistungen zugunsten der betrieblichen und privaten Absicherung und insofern eine Annäherung an das britische System abzeichnet. Doch ist das damit einhergehende Vordringen des Bedürftigkeitsprinzips in der deutschen Alterssicherung bislang noch nicht manifest, sondern besitzt zur Zeit noch den Status eines plausiblen Zukunftsszenarios. Aufs Ganze gesehen, überwiegt im Bereich der Alterssicherung bis jetzt noch klar die Abhängigkeit von dem jeweils spezifischen, einmal eingeschlagenen institutionellen Pfad. Dabei lässt sich im deutschen Fall von einer anhaltenden Dominanz des Leistungsprinzips sprechen. In Großbritannien dagegen scheiterte mit SERPS die dauerhafte Einführung einer auf dem Äquivalenzprinzip basierenden und insofern systemfremden Zusatzrente an einer Koalition politischer und ökonomischer Akteure, welche diesen Bereich der Alterssicherung wie zuvor privatwirtschaftlichen Märkten vorbehalten sehen wollten. Durchaus folgerichtig ersetzte *New Labour* SERPS schließlich durch S2P, eine systemkonforme Pauschalrente.

Die gesellschaftliche Bedeutung und Prägekraft von Institutionen ist heute weithin unbestritten. Die meisten jener Ansätze, die sich unter dem Rubrum „Neuer Institutionalismus" subsumieren lassen, gehen davon aus, dass Institutionen die Perzeption, die Normen, Ansichten, Interessen und Handlungen der in ihnen lebenden Menschen tiefgreifend beeinflussen – ebenso wie letztere sich umgekehrt in der Ausformung institutioneller Ordnungen niederschlagen[49]. Damit stimmt überein, dass empirische Erhebungen zu Ge-

[49] Vgl. James G. March/Johan P. Olsen, Rediscovering Institutions. The Organizational Basis of Politics, New York 1989; Walther W. Powell/Paul J. Di Maggio (Hrsg.), The New Institutionalism in Organizational Analysis, Chicago 1991; Sven Steinmo/Kathleen Thelen/Frank Longstreth (Hrsg.),

rechtigkeitsüberzeugungen und zur Akzeptanz sozialer Sicherungssysteme sowohl für Großbritannien als auch für die Bundesrepublik einen deutlichen *institutional bias* zeigen: die Prägung von Einstellungen in der Bevölkerung durch die jeweiligen wohlfahrtsstaatlichen Institutionen und die in sie eingelassenen Gerechtigkeitsprinzipien, aber auch eine nach wie vor breite Zustimmung zu den existierenden Systemen sozialer Sicherung insgesamt[50].

Vor diesem Hintergrund ist nicht nur davon auszugehen, dass in politischen Debatten je nach Land und je nach sozialstaatlichem Teilsystem (für Krankheit, Alter et cetera) unterschiedliche Gerechtigkeitsvorstellungen und -semantiken vorherrschen. Vielmehr wird in der Kohärenzerwartung im Hinblick auf die in die institutionellen Baupläne eingelassenen Gerechtigkeitsprinzipien und die in diesen Bereichen geltenden gesellschaftlichen Normen auch ein zentrales Widerstandspotential gegen den Umbau des Wohlfahrtsstaats zu sehen sein. Grundlegende Strukturreformen liefen dann nicht nur Gefahr, in umfangreichem Ausmaß die materiellen Interessen der Wohlfahrtsstaatsklienten zu verletzen, sondern stünden auch im offenen Widerspruch zu weitverbreiteten und tief verwurzelten Vorstellungen sozialer Gerechtigkeit. Nur auf diese Weise lassen sich beispielsweise die massiven Protestaktionen gegen die Umsetzung der Agenda 2010 ebenso wie die periodisch wiederkehrenden Vorschläge zur Rücknahme bzw. Novellierung von Hartz IV erklären. Weniger die lange Zeit ziemlich unabsehbaren materiellen Konsequenzen der Reform scheinen es hier gewesen zu sein, die Unmut erzeugten, als der partielle Bruch mit den Prinzipien von Leistungsgerechtigkeit und Statuserhalt, die die deutsche Arbeitslosenversicherung über Jahrzehnte bestimmt hatten und als Normen gesellschaftlich tief verankert waren[51].

Überhaupt lässt sich seit etwa zwei Jahrzehnten sowohl in der deutschen als auch in der britischen Politik, wo die *Labour Party* bereits 1992 eine *Commission on Social Justice* einsetzte[52], eine „Wie-

---

Structuring Politics. Historical Institutionalism in Comparative Analysis, Cambridge 1992; Rothstein, Institutions.

50 Vgl. Steffen Mau, The Moral Economy of Welfare States. Britain and Germany Compared, London 2003; Martin Kohli, Generational Changes and Generational Equity, in: Malcolm L. Johnson u. a. (Hrsg.), The Cambridge Handbook of Age and Ageing, Cambridge 2005, S. 518–526.

51 Zur hohen Akzeptanz des Prinzips der Leistungsgerechtigkeit in der deutschen Arbeitslosenversicherung vgl. Ullrich, Sozialpolitische Gerechtigkeitsprinzipien, in: Liebig/Lengfeld/Mau (Hrsg.), Verteilungsprobleme, S. 83–90.

52 Vgl. den Ergebnisbericht: Social Justice. Strategies for National Renewal. The Report of the Commission on Social Justice, London 1994.

derkehr der Gerechtigkeitsfrage“ (Lutz Leisering) konstatieren[53]. Die Gründe dürften in der Verlangsamung des allgemeinen Wohlstandswachstums seit Mitte der 1970er Jahre sowie in der tatsächlichen Zunahme und Umstrukturierung sozialer Ungleichheit, zum Teil aber auch in der veränderten Wahrnehmung bestehender Ungleichheiten liegen. Neben der diskursiven Aktualisierung der vertrauten Prinzipien der Verteilungsgerechtigkeit ist dabei interessanterweise das Vordringen neuer Gerechtigkeitssemantiken zu verzeichnen, die an askriptiv definierten sozialen Gruppen wie Familien, Frauen, Generationen ansetzen und insofern *non-class issues* thematisieren. Der Ruf nach Familiengerechtigkeit beispielsweise klagt die Besserstellung von Familien gegenüber Kinderlosen ein – unabhängig von ihrem jeweiligen sozioökonomischen Status. Im Begriff der Generationengerechtigkeit ist die Umdeutung der bisher dominierenden Vorstellung einer Altersgruppen- zu einer Alterskohortengerechtigkeit angelegt, die darauf abzielt, die Lebensbilanzen verschiedener Geburtskohorten gegeneinander aufzurechnen. Inwieweit der diskursive Aufstieg solcher Themen durch die institutionelle Verfasstheit der Systeme sozialer Sicherung und die von ihnen inkorporierten Prinzipien distributiver Gerechtigkeit gefördert oder gebremst wird und inwieweit die neuartigen Gerechtigkeitssemantiken die überkommenen überlagern oder sich mit ihnen amalgamieren, liegt außerhalb des Fokus’ dieses Aufsatzes und bleibt ebenso empirisch zu untersuchen wie die Frage, in welcher Weise die Veränderungen im Gerechtigkeitsdiskurs umgekehrt ihren Niederschlag in einem Wandel der Institutionen des Wohlfahrtsstaats finden.

---

53 Vgl. hierzu und zum Folgenden Leisering, Paradigmen, in: Liebig/Lengfeld/Mau (Hrsg.), Verteilungsprobleme; Lutz Leisering, Gerechtigkeitsdiskurse im Umbau des deutschen Sozialstaats, in: Stefan Empter/Robert B. Vehrkamp (Hrsg.), Soziale Gerechtigkeit – eine Bestandsaufnahme, Gütersloh 2007, S. 77–108.

Abkürzungen

AfS	Archiv für Sozialgeschichte
APuZ	Aus Politik und Zeitgeschichte
BAK	Bundesarchiv Koblenz
BLK	Bund-Länder-Kommission für Bildungsplanung
CDU	Christlich-Demokratische Union
CSU	Christlich-Soziale Union
DDR	Deutsche Demokratische Republik
DFG	Deutsche Forschungsgemeinschaft
FDP	Freie Demokratische Partei
GMP	Guaranteed Minimum Pension
GRPS	Graduate Retirement Pension Scheme
IQ	Intelligenzquotient
KZfSS	Kölner Zeitschrift für Soziologie und Sozialpsychologie
NHS	National Health Service
NS	nationalsozialistisch
OECD	Organisation for Economic Co-Operation and Development
PISA	Programme for International Student Assessment
SERPS	State Earnings Related Pension Scheme
SFB	Sonderforschungsbereich
SPD	Sozialdemokratische Partei Deutschlands
S2P	State Second Pension
US	United States

Autorinnen und Autoren

Dr. Hans Günter Hockerts (1944), Professor emeritus für Neueste Geschichte (Zeitgeschichte) an der Ludwig-Maximilians-Universität München.

Dr. Christiane Kuller (1970), wissenschaftliche Assistentin am Historischen Seminar der Ludwig-Maximilians-Universität München.

Lutz Leisering, Ph.D. (1953), Professor für Sozialpolitik an der Universität Bielefeld.

Dipl. Soz. Christian Marschallek (1976), wissenschaftlicher Mitarbeiter an der Fakultät für Soziologie der Universität Bielefeld.

Dr. Wilfried Rudloff (1960), wissenschaftlicher Mitarbeiter der Akademie der Wissenschaften und Literatur Mainz (Quellensammlung zur Geschichte der deutschen Sozialpolitik) und Lehrbeauftragter am Fachbereich Gesellschaftswissenschaften der Universität Kassel.

Dr. Winfried Süß (1966), wissenschaftlicher Mitarbeiter am Zentrum für Zeithistorische Forschung Potsdam und Lehrbeauftragter am Historischen Seminar der Ludwig-Maximilians-Universität München.

Dr. Cornelius Torp (1967), wissenschaftlicher Mitarbeiter am Institut für Geschichte der Martin-Luther-Universität Halle, derzeit Marie Curie-Fellow am Europäischen Hochschulinstitut Florenz.